Koboldzauber und Teufelsblut

Hexenliköre selbstgemacht

REGIONALIA
VERLAG

Diese Buch wurde nach dem aktuellen Wissensstand sorgfältig erarbeitet. Dennoch erfolgen alle Angaben ohne Gewähr. Der Verlag haftet nicht für eventuelle Nachteile oder Schäden, die aus der Umsetzung der im Buch angegebenen praktischen Hinweise resultieren. Die enthaltenen Ratschläge ersetzen nicht die Untersuchung und Betreuung durch einen Arzt. Vor Durchführung einer Selbstbehandlung sollte stets ein Arzt konsultiert werden, insbesondere wenn Sie an gesundheitlichen Beschwerden leiden, regelmäßig Medikamente einnehmen oder schwanger sind.

Die in diesem Buch enthaltenen Anleitungen zur Herstellung von Schnäpsen, Weinen und Likören sind nur für den privaten Gebrauch bestimmt. Bitte beachten Sie, dass es für die gewerbliche Herstellung von Spirituosen gesetzliche Bestimmungen gibt, die eingehalten werden müssen. Für eventuelle Verstöße in dieser Richtung übernimmt der Verlag keine Verantwortung.

Koboldzauber und Teufelsblut
Hexenliköre selbstgemacht

3. Auflage 2020
Regionalia Verlag, ein Imprint der Kraterleuchten GmbH, Gartenstraße 3, 54550 Daun

Autorin: Gisela Muhr
Cover: Liga-Medien.de Ltd. & Co. KG, Niederkassel
Layout/Satz Innenseiten: Beatrice Salanowski für Liga-Medien.de Ltd. & Co. KG, Niederkassel

Gedruckt auf feinstem Schleipen-Papier aus deutscher Herstellung
Hergestellt in der Europäischen Union, GPS, Slovenia

ISBN 978-3-95540-229-7
www.regionalia-verlag.de

FSC www.fsc.org
MIX
Papier aus verantwortungsvollen Quellen
FSC® C118234

Inhalt

Vorwort

Sie lieben das Besondere? – Dann sind Sie mit diesem Buch bestens bedient!

Ausgefallene Liköre wie „Teufelsblut", „Basiliskenfeuer", „Elfennass" oder „Drudenfeuer" versprechen (und halten) Köstliches, das den Gaumen erfreut und die Seele erwärmt.

Sie halten die Eigenproduktion von Likör für antiquiert? Dem ist aber keineswegs so, denn selbst gemachter Likör schmeckt nicht nur besonders lecker, die eigene Herstellung in der Küche macht Spaß und bereitet keinen großen Aufwand.

Erfahren Sie etwas über Hexen, Kobolde, Elfen und Feen, deren Geschichten einigen von uns schon seit Kindertagen bekannt sind. Hexen hexen, aber für die leckeren Likörrezepte in diesem Buch benötigen Sie wahrlich keine Hexerei.

So wusste schon Wilhelm Busch zu berichten: „Es ist ein Brauch von alters her: Wer Sorgen hat, hat auch Likör." Frei nach diesem Motto: Wohl bekomm's und ein herzliches Prost.

Einleitung

Hexen früher und heute

Wer kennt sie nicht, die Hexen aus den Märchen, die uns in Kindertagen Angst und Bange machten? Schneewittchen, Hänsel und Gretel, Die kleine Meerjungfrau, Brüderchen und Schwesterchen – sie alle machten Bekanntschaft mit bösen Hexen.

Hexen wurden überwiegend krummgliedrig, mit behaarter Warze auf der krummen Nase und mit einer schwarzen Katze (oder einem Raben) auf dem Buckel in den Märchen beschrieben und abgebildet. Sie waren böse Kreaturen und wollten unschuldigen Kindern ein Leid antun. Glücklicherweise (für arme Kinderseelen) waren sie am Ende des Märchens meist die Verlierer.

Jedoch ist der Glaube an schadenbringende Hexenwesen weltübergreifend und zieht sich durch alle Zeiten und Kulturen hindurch. Bereits im alten Ägypten, Babylonien oder Assyrien war man vom Vorhandensein vermeintlicher Zauberer (sogenannter Zwischenwesen bzw. Dämonen) überzeugt. Schon zu dieser Zeit wurden die Menschen, die man für Dämonen hielt, mit dem Tod bestraft. Zu gezielten Verfolgungen kam es aber nicht.

Auch im römischen Imperium war Zauber allgegenwärtig. Seit dem 3. Jahrhundert n. Chr. wurden sogenannte Schadenszauberer lebendig verbrannt und mit Festigung der Christianisierung wurde auf jede Art der Zauberei die Todesstrafe verhängt.

Die Kirche legte ab dem 13. Jahrhundert eine deutlich schärfere „Gangart" gegenüber angeblichen Hexen ein. Kaiser Friedrich II. (1194–1250) erließ Gesetze zum Schutz der Inquisition. Für Papst Innozenz IV. (1195–1254) war die Verfolgung von Ketzern ein wichtiges Anliegen. So ließ er 1252 mit der Bulle Ad Exstirpanda die Nutzung von Folter zur Erpressung von Geständnissen zu. Der bedeutende Kirchentheoretiker Thomas von Aquin (etwa 1225–1274) war der Ansicht, dass Hexen ihre Schandtaten mit Hilfe des Teufels tatsächlich ausführen konnten. Für ihn waren Hexen schadenbringende Weiber und die Menschen jener Zeit empfanden die Anwesenheit von Hexen als zunehmend bedrohlich.

Die Basis für die späteren Hexenverfolgungen war geschaffen.
Das neue Feindbild waren jetzt die Frauen. Viele waren Heil- und Naturkundige mit einem beachtlichen Wissen und Fähigkeiten, die ihnen von Generation zu Generation weitergegeben wurden. Die Unwissenden (die einfache Bevölkerung war ungebildet und konnte in den meisten Fällen weder lesen noch schreiben), denen dieses Wissen fehlte, sagten ihnen einen Bund mit dem Teufel nach und damit auch eine grundsätzlich schlechte Absicht in ihrem Tun. Aber grundsätzlich konnte jeder Mensch, egal ob Mann oder Frau, eine Hexe sein. Da im Verständnis jener Zeit aber die Frauen den Verführungen des Teufels eher erlagen, stellte man sich Hexen allgemein als weibliche Wesen vor.

Inquisitoren, die von der römischen Kurie ernannt waren, organisierten gezielte Hexenverfolgungen. So ließ Heinrich

Kramer (etwa 1430–1505), der ab 1478 Inquisitor für ganz Oberdeutschland war, innerhalb weniger Jahre zahlreiche Hexen zum Tode verurteilen.

Im Jahre 1484 baten die Inquisitoren und Dominikanermönche Heinrich Kramer (auch Henricus Institoris) und Jakob Sprenger den Papst um Unterstützung ihrer grausamen Tätigkeit.

Daraufhin erließ Papst Innozenz VIII. die Bulle Summis Desiderantis (die sogenannte Hexenbulle), in der er zur verstärkten Verfolgung von Hexen aufrief. Als einziger Papst überhaupt erklärte er hiermit die Existenz von Hexerei als wahr. Mit päpstlicher Autorität gelang es, jeden Widerstand in der Bevölkerung bezüglich der Hexenverfolgungen und der Hinrichtungen zu unterdrücken.

Im weiteren Verlauf ihrer „Tätigkeit“ verfassten die beiden Ordensbrüder das Handbuch "Der Hexenhammer". Das 1487 veröffentlichte Buch wurde zum Standardwerk in der Prozessführung.

Der Hexenhammer rannte offene Türen ein; denn Ende des 15. Jahrhunderts verschlechterten sich die Lebensumstände der Menschen erheblich. Große Teile der Bevölkerung starben infolge von Hungersnöten und durch die sich ausbreitenden Epidemien jener Zeit. Für diese Übel wurden vor allem Hexen verantwortlich gemacht. Schätzungsweise verloren in den ersten 30 Jahren nach Veröffentlichung des „Hexenhammers“ mehrere Tausend Menschen in ganz Europa auf dem Scheiterhaufen ihr Leben.

Auch im folgenden Jahrhundert hielt die beispiellose „Hexenjagd“ in Europa weiter an. In Schnellverfahren wurden Tausende von Menschen getötet. Zum Beispiel wurden zwischen 1626 und 1635 allein im Kurfürstentum Köln mehr als 2000 Menschen hingerichtet. Erst Ende des 17. Jahrhunderts, als sich die wirtschaftlichen und politischen Verhältnisse festigten, wurden die Verfolgungen für die Herrschenden immer mehr zum Störfaktor.

Während des gesamten 18. Jahrhunderts nahmen die Hexenprozesse ab, nur in ländlichen, abgelegenen Gebieten kam es noch zu vereinzelten Hinrichtungen. Das Rechtswesen wurde fast überall erneuert. Um 1800 waren alle Zauberdelikte aus den Gesetzestexten verschwunden und ein finsteres Kapitel der europäischen Geschichte hatte ein Ende. Schätzungsweise sind etwa 50.000 Menschen Opfer des Hexenwahns der frühen Neuzeit geworden, etwa 80 Prozent davon waren Frauen.

Heute wird der Hexenglaube überwiegend als volkstümliches Brauchtum gepflegt.

Zum Beispiel im Harz auf dem Brocken, auch als Blocksberg bekannt, findet alljährlich, in der letzten Nacht im April, das Walpurgisfest statt; ein höllisches Vergnügen für Jung und Alt.

Dabei handelt es sich um ein traditionelles Fest, dessen Ursprünge in vorchristlicher Zeit zu finden sind. Noch vor 1000 Jahren feierten die Menschen im Harz ein Frühlingsfest, mit Opfergaben an den obersten

Germanengott Wodan. Heute wird dieses Fest mit einem Festprogamm aus Gauklern, Musikern und anderem Hexenvolk ausgelassen gefeiert. Und wer nicht über einen Hexenbesen und die nötige „Fluglizenz" verfügt, kann sich bequem mit der dampfenden Brockenbahn hinaufbringen lassen.

Über Feen und Elfen

Entgegen der bösen Hexe ist die Fee eine gute Figur im Märchen und wird überwiegend als heiter, besonders schön, glückbringend und niemals alternd beschrieben. Diese guten Attribute spiegeln wider, dass die Fee das gute Prinzip versinnbildlicht. Bekannt sind die guten Feen aus Mären wie Dornröschen, Aschenputtel, aber auch aus Peter Pan und Räuber Hotzenplotz. Manchmal wird die Fee auch als Elfe bezeichnet. Der Unterschied zwischen Fee und Elfe liegt jedoch nur in ihrem Ursprung. Die Fee stammt aus der keltischen und die Elfe aus der nordischen Mythologie. Die germanische Mythologie spricht auch von Alben (z. B. der Nachtalb).

Grundsätzlich sind aber Feen, Elfen, Alben und Elben (aus Tolkiens „Herr der Ringe") sich gleichende geisterhafte und/oder unwirkliche Geschöpfe, die je nach Märchenerzähler spezifisch beschrieben werden.

Die Heimat von Feen und Elfen sind Felder, Wiesen, Wälder, Hügel, Seen, Flüsse, Höhlen, Moore, Berge und Heidelandschaften, denn in der Natur fühlen sie sich wohl.

Was sind Kobolde?

In der Mythologie kennt man Kobolde vor allem als Hausgeister und der Glaube an sie ist bei vielen Völkern schon seit alten Zeiten zu finden.

Aber was sind Kobolde? Sie sind kleine Wesen von gutmütigem Charakter, die gerne Schabernack treiben, aber nicht böse sind. Sie können verschiedene Gestalten annehmen und sich unsichtbar machen. Sie beschützen den Ort, zu dem sie gehören und machen sich in Haus und Hof nützlich, ohne Schaden anzurichten. Man kennt sie als gute, lustige Gesellen, die stets zu Späßen aufgelegt sind. Allerdings sind sie auch recht reizbar und wer ihnen nicht gut gesinnt ist, der spürt ihre Rache.

Im Volksglauben unterscheidet man zwischen Kobolden und Gespenstern. Während Gespenster meist die Geister von Verstorbenen sind, sind Kobolde eine eigenen Klasse von geistigen Wesen, die an ein Haus oder eine bestimmte Gegend gebunden sind.

Geschichte der Likörherstellung

Die Bezeichnung Likör geht auf das französische Wort liqueur und das lateinische Wort liquor zurück.

Anfänglich überwiegend als Heilmittel gedacht wurde er zumeist mit Heilkräutern angesetzt. Die heute bekannten Liköre haben ihren Ursprung wahrscheinlich in den aromatisierten Weinen des alten Griechenlands und Roms.

Die Geschichte des Likörs beginnt im 13. Jahrhundert, als die Technik der Destillation durch die Kreuzzüge nach Europa kam. Aufgrund dessen und der bereits bekannten Technik der Mazeration war es nun möglich, Liköre herzustellen. Bei den ersten Likören handelte es sich aber nicht um Genuss-, sondern um Heilmittel, die auch nur Kranken verabreicht wurden.

Bevor er zum beliebten und geschmackvollen Genussmittel aufstieg, war Likör also schlichtweg Medizin. Mithilfe von Alkohol lösten Mönche und Apotheker die Wirkstoffe aus Würz- und Heilpflanzen und erstellen so Kräuterauszüge zur Linderung von Krankheiten. Diese Flüssigkeiten waren recht bitter, denn sie enthielten noch keinen Zucker.

Zucker in jener Zeit war eine seltene und kostbare Ware, die sich nur Adlige und reiche Bürger leisten konnten. Als die aus Italien stammende Katharina von Medici 1532 den französischen König Heinrich II. heiratete, reisten in ihrem Gefolge auch Experten in der Herstellung von Likören nach Frankreich mit. In der weiteren Folge entwickelte sich daraus eine Likörherstellung, die mit immer raffinierteren und neueren Methoden arbeitete.

Im Laufe des 17. Jahrhunderts wurde Likör ein reines Genussmittel. Im Zuge der Kolonialisierung (günstiger Rohrzucker aus der Karibik) und auch, weil Rübenzucker verarbeitet werden konnte, sowie durch die Erschließung neuer Handelswege, sanken die Zuckerpreise auf ein Niveau, das Likör erschwinglich machte. Jetzt konnten sich auch mittlere Schichten des Bürgertums die edlen Tropfen leisten.

Mit neuen Erkenntnissen über die Fermentation und Destillation beginnt der Siegeszug des Likörs Anfang des 18. Jahrhunderts. Allerdings ist Likör erst hundert Jahre später in größerem Umfang herstellbar und als Markenprodukt präsent.

Zubehör für die Likörherstellung

Sie benötigen eine Küchenwaage und einen Messbecher, verschieden große Trichter, ein feinmaschiges Sieb, ggf. Kaffeefilter, Filterpapier, Mull- oder Leinentücher.

Für Ihren Ansatz brauchen Sie weithalsige, gut verschließbare Glasgefäße. Diese müssen absolut dicht verschlossen werden, damit beim Schütteln des Inhaltes nichts herauslaufen und kein Alkohol verdunsten kann. Weiter benötigen Sie saubere Flaschen mit Schraubverschluss. Verwenden Sie schöne, dekorative Flaschen, die eignen sich auch gut zum Verschenken.

Sollten Sie mehrere Liköre zubereiten, ist es empfehlenswert, diese entsprechend des Inhalts zu beschriften.

Der richtige Alkohol für Ihren Likör

Für Ihre Liköre verwenden Sie fertigen „Schnaps", den es in großer Anzahl und in verschiedenen Geschmacksrichtungen im Supermarkt zu kaufen gibt.

Liköre – bestehend aus Alkohol, Früchten/Kräutern und Zucker – können durch natürliche Aromen wie Vanille, Zimt, Honig, Chili, Ingwer oder Nelken verfeinert werden, aber auch hier gilt: können – müssen aber nicht.

Bei der eigenen Likörherstellung können Sie grundsätzlich den Schnaps Ihrer Wahl verwenden. Fruchtliköre harmonieren besonders gut zum Beispiel mit:

- Korn/Doppelkorn und Grappa mit Beerenfrüchten
- Rum mit Pflaumen
- Wodka mit Zitrusfrüchten
- Whiskey oder Weinbrand mit Äpfeln und Birnen.
- Sie können aber auch jeden Obstbranntwein Ihrer Wahl verwenden.

Das Ansetzen

Lassen Sie den Aufgesetzten während des Reifeprozesses wirklich ruhen, damit das Obst nicht matschig und der Likör nicht trübe wird. Sie können nach Herzenslust experimentieren, probieren Sie verschiedene Kombinationen einfach einmal aus. Dazu ist es ratsam, vorerst kleine Menge Likör herzustellen.

Liköre können Sie pur genießen oder als Beigabe zum Dessert, sie lassen sich aber auch zu Cocktails verarbeiten.

Zucker

Zucker, der für Likör unumgänglich ist, kann auch durch Honig ergänzt werden. Das heißt, wenn in einem Rezept 500 g Zucker angegeben werden, können Sie stattdessen auch 200 ml Honig und 300 g Zucker verwenden. Die Süße bleibt erhalten, der Likör erhält aber eine besondere Geschmacksnote. Verwenden Sie aber bevorzugt kräftige Honigsorten wie Wald-, Akazien-, Lavendel- oder Tannenhonig.

Grundsätzlich spielt es keine Rolle, welchen Zucker Sie für Ihren Likör verwenden. Sie können einfachen Haushaltszucker, weißen oder braunen Kandiszucker oder Rohrzucker verarbeiten. Rohrzucker unterscheidet sich in zwei Sorten. Der Roh-Rohrzucker ist allerdings teilweise raffiniert und enthält lediglich bis 1% Melasse. Der Vollrohrzucker dagegen ist nicht raffiniert, enthält viele Vitamine und Mineralstoffe und verfügt über einen besonderen malzartigen Geschmack.

Für welche Zuckersorte Sie sich entscheiden, bleibt Ihnen überlassen, grundsätzlich ist es aber empfehlenswert, den Zucker vor dem Ansetzen aufzulösen. In etwas Wasser oder Saft aufkochen und so lange erhitzen, bis sich der Zucker aufgelöst hat. Anschließend vor der Weiterverarbeitung vollständig abkühlen lassen.

Möchten Sie auf den Vorgang verzichten, sollten Sie Kandiszucker vor dem Ansetzen unbedingt zerstoßen, da er sich sonst nur sehr schwer auflöst.
Der aufgelöste Zucker macht ein häufiges Schütteln oder Durchrühren von Ihrem Ansatz unnötig.

Die Flüssigkeit im Ansatzgefäß sollte innerhalb der ersten zwei Tage ein bis zweimal gerührt werden, damit sich der enthaltene Zucker schneller löst.

Zauberhaftes mit Früchten

Sie lieben es fruchtig? Na, dann ran an die Frucht.

Wählen Sie für die Zubereitung mit Fruchtlikören nur frisches, einwandfreies Obst. Das jeweilige Obst immer gut waschen, faule Stellen entfernen, Beeren sorgfältig verlesen und kein matschiges oder schimmeliges Obst verarbeiten.

Tipps zum Anrichten

Wenn Sie Fruchtliköre anrichten möchten, sieht es sehr schön aus, wenn sie den jeweiligen Drink mit dem entsprechenden Obst garnieren. Dazu zum Beispiel mehrere Erdbeeren, Himbeeren, Brombeeren etc. auf einen Holzspieß spießen, diesen über ein schönes Glas legen und servieren. Sie können auch andere Früchte in Scheiben schneiden, diese auf die gleiche Weise aufspießen und servieren.

Magisches „Wässerchen“ (Likör mit Kiwis)

Magie – liegt in der Luft! Magie ist die Bezeichnung für Übersinnliches, Zauberhaftes, Unerklärliches. Grundsätzlich wird zwischen weißer und schwarzer Magie unterschieden. Die schwarze Magie steht für Schadenszauber und Verwünschungen jeder Art. Die weiße Magie soll „nützlich“ sein. Das heißt, sie bewirkt Gutes, ist frei von Gewinnstreben und sie soll Heilung bewirken.

Zubereitung

Die Früchte halbieren, das Fleisch mit einem Löffel aus der Schale kratzen. Die Vanilleschote längs halbieren. Den Kandiszucker in 250 ml Wasser aufkochen, bis er sich aufgelöst hat. Anschließend abkühlen lassen.

Kiwis mit Vanilleschote und der abgekühlten Zuckerlösung in ein großes Ansatzgefäß geben und den Kornbrand dazugeben. Das Ganze gut verschließen und an einem kühlen, dunklen Ort 4 Wochen reifen lassen.

Den Ansatz dann durch ein sauberes Passiertuch abseihen und das Magische „Wässerchen“ in eine schöne Flasche gießen. Bis zum Verbrauch im Kühlschrank aufbewahren.

Zutaten

10 grüne Kiwis
1 Vanilleschote
200 g weißer Kandiszucker
1 Flasche Kornbrand (750 ml)

Tipp

Die Kiwis sollten schön reif sein, damit sie ihr volles Aroma entwickeln.

Koboldzauber (Orangenlikör mit Kumquats)

Zubereitung

Die Vanilleschoten längs halbieren und mit Orangensaft und Zucker in einem Topf auf etwa 250 ml einköcheln lassen. Anschließend erkalten lassen.

Die Orangen filetieren, die Kumquats waschen und halbieren. Die Früchte mit dem eingekochten Orangensaft in ein Ansatzgefäß geben und den Wodka dazugießen. Gut verschlossen an einem dunklen, kühlen Ort 8–10 Tage reifen lassen.

Den fertigen Likör durchseihen, die Früchte auffangen und die Flüssigkeit in eine große oder zwei kleine dekorative Flaschen füllen. Die Früchte separat in verschließbare Gläser geben. Likör und Früchte bis zum Verbrauch im Kühlschrank aufbewahren.

Vor dem Servieren die Früchte in Gläser geben und mit dem Likör auffüllen.

Zutaten

2 Vanilleschoten
300 ml Orangensaft (frisch gepresst oder Fertigprodukt)
250 g brauner Rohrzucker
6 Orangen
200 g Kumquats
1 L Wodka

Drachenblut (Likör mit Kirschen)

Den Drachen kennt man auch unter Namen wie Lindwurm, Tatzelwurm oder Leviathan. Häufig ist er ein feuerspeiendes Ungetüm, besitzt Flügel und ist mit Adlerklauen oder Löwenpranken ausgestattet. In der Mythologie und in der Literatur tauchen Drachen in fast allen Kulturen auf. In China steht er für die Kräfte der Natur, aber auch für Weisheit und ist dem Menschen wohlgesonnen. In westlichen Kulturen dagegen ist er meist ein Bösewicht.

Zubereitung

Die Kirschen waschen, von den Stielen befreien, halbieren und entkernen. Die Vanilleschoten längs halbieren. Den Kandis etwas zerstoßen.

Alle Zutaten in das Ansatzgefäß geben und gut verschlossen an einem dunklen, kühlen Ort 4–5 Wochen reifen lassen.

Die Flüssigkeit abseihen, die Früchte auffangen und den Likör in schöne Flaschen füllen. Die Früchte in verschließbare Gläser geben. Beides im Kühlschrank aufbewahren. Zum Servieren Likör mit einigen Kirschen in Gläser füllen.

Zutaten

1 kg Süßkirchen
2 Vanilleschoten
500 g brauner Kandiszucker
3 Flaschen Korn (je 750 ml)

0.25 l

Teufelsblut (Granatapfel-Likör)

Was zum Teufel ist ein Teufel? Der Wortbegriff Teufel hat seinen Ursprung im griechischen Wort Diábolos. Das heißt so viel wie Verwirrer, Tatsachenverdreher, Verleumder. Der Teufel ist das personifizierte, nichtmenschliche Böse. Als eigenständiges Wesen ist er im Christentum eine Macht, die sich der direkten Einflussnahme Gottes entziehen kann. Er gilt als gefallener Engel, der aufgrund seiner Rebellion gegen Gott aus dem Himmel vertrieben wurde. Seine Boshaftigkeit und sein verderbliches Wirken auf der Erde ist so vielseitig wie seine Namen: Satan, Leibhaftiger, Beelzebub, Luzifer, Mephisto, Sohn der Verdammnis, Mephistopheles, Pferdefuß, Verderber, Widersacher, Urian, Deiwel, Diabolus, Höllenfürst usw.

Zubereitung

Die Granatäpfel gründlich waschen und in grobe Stücke schneiden. Die Vanilleschote halbieren. Granatäpfel, Vanille und den zerstoßenen Kandis in ein entsprechend großes Ansatzgefäß geben und den Sirup mit dem Branntwein dazugießen.

Das Gefäß gut verschließen und an einen dunklen, kühlen Ort 6 Wochen reifen lassen, bis sich der Zucker gelöst hat.

Den fertigen Likör durch ein feines Sieb gießen und in Flaschen abfüllen. Einige Granatapfelkerne in die Flaschen verteilen und diese fest verschließen. Dieser Likör ist an einem kühlen Ort mehrere Wochen haltbar.

Zutaten

1 kg Granatäpfel
1 Vanilleschote
500 g weißer Kandiszucker
100 ml Grenadinesirup (oder Aperol)
3 Flaschen Obstbranntwein (je 750 ml), oder Wodka

Tipp

Verwenden Sie für diesen Likör reife Früchte. Sie können auch einige Granatäpfel auspressen und den Saft (aber auch das Fruchtfleisch) dazugeben.

Elfentanz (Johannisbeer-Likör)

Der nord-germanischen Sage nach trafen sich die elfenhaften Wesen bevorzugt in lauen Sommernächten im Mondschein, um diesen zauberhaften Tanz aufzuführen.

Zubereitung

Die Johannisbeeren waschen, von den Rispen zupfen und abtropfen lassen. Die Vanilleschoten längs halbieren. Den Kandis etwas zerstoßen.

Alle Zutaten in das Ansatzgefäß geben und gut verschlossen an einem dunklen, kühlen Ort 5 Wochen reifen lassen.

Die Flüssigkeit abseihen, die Früchte auffangen und den Likör in schöne Flaschen füllen. Die Früchte in verschließbare Gläser geben. Beides im Kühlschrank aufbewahren. Zum Servieren Likör mit einigen Beeren in Gläser füllen.

Zutaten

1 kg Johannisbeeren
2 Vanilleschoten
500 g brauner Kandiszucker
3 Flaschen Grappa (je 750 ml)

Tipp

Aus diesem Likör können Sie einen herrlichen Cocktail „zaubern". Dazu 2 cl Wodka mit 2 cl Limettensaft, 2 cl Johannisbeerlikör, 8 cl Orangensaft und zwei Eiswürfel in einen Shaker geben und gut durchschütteln. Anschließend in ein Longdrink-Glas füllen und mit 10 cl Sekt auffüllen. Als Dekoration einige Beeren ins Glas geben.

Krähenblut (Brombeerlikör)

Die schwarzen Krähen (und Raben) spielen weltweit eine wichtige Rolle in Sagen und Märchen (z. B. Die sieben Raben, Grimms Märchen), aber auch im Volks- und Aberglauben. Sie gelten als Boten der Götter und als allwissend. Seit dem Altertum werden die schwarzen Vögel im Aberglauben als Zeichen des Bösen, aber auch als listig und schlau dargestellt. Warum ist ihr Ruf aber so schlecht? Im Aberglauben ist das Böse dunkel, mystisch und schwarz. Deshalb bezeichnete man auch das „Wirken" von Hexen als schwarze Magie. Was liegt da näher als der bösen Hexe eine Krähe zur Seite (bzw. auf den Buckel) zu setzen, die eben düster und auch schwarz ist.

Zubereitung

Die Brombeeren waschen, verlesen und abtropfen lassen.

Die Vanilleschoten längs halbieren. Zitronenmelisse waschen, gut trockenschleudern. Den Kandis etwas zerstoßen.

Alle Zutaten in das Ansatzgefäß geben und gut verschlossen an einem dunklen, kühlen Ort 3–4 Wochen reifen lassen.

Die Flüssigkeit abseihen, die Kräuterzweige entfernen, die Früchte auffangen und den Likör in schöne Flaschen füllen. Die Früchte in verschließbare Gläser geben. Beides im Kühlschrank aufbewahren. Zum Servieren Krähenblut mit einigen Beeren in Gläser füllen.

Zutaten

1 kg Brombeeren
2 Vanilleschoten
½ Bund Zitronenmelisse
500 g brauner Kandiszucker
3 Flaschen Obstbranntwein (je 750 ml)

Die Tränen der Chimära (Himbeerlikör)

Die Chimära, auch Chimaira, ist ein Mischwesen aus der griechischen Mythologie. Laut Homer ist sie ein Feuer speiendes Ungeheuer mit drei Köpfen – eines Löwen, einer Ziege und einer Schlange. Dieses unheilvolle Wesen lebte in Chimaira (Lykien), wo es Menschen und Tiere bedrohte. Auch das geflügelte Pferd Pegasus war ein solches Mischwesen.

Zubereitung

Die Beeren verlesen. Die Vanilleschoten längs halbieren. Den Kandis etwas zerstoßen.

Alle Zutaten in das Ansatzgefäß geben und gut verschlossen an einem dunklen, kühlen Ort 3–4 Wochen reifen lassen.

Die Flüssigkeit abseihen, die Früchte auffangen und den Likör in schöne Flaschen füllen. Die Früchte in verschließbare Gläser geben. Beides im Kühlschrank aufbewahren. Zum Servieren Likör mit einigen Himbeeren in Gläser füllen.

Zutaten

1 kg Himbeeren
2 Vanilleschoten
500 g brauner Kandiszucker
3 Flaschen Himbeergeist (je 750 ml)

Tipp

Die Himbeeren sind sehr zarte Früchtchen, weshalb es ratsam ist, sie nicht zu waschen. Verlesen Sie die Früchte nur sorgfältig.

Zentaurentrunk (Schlehenlikör)

Der Zentaurus, auch Kentaur, ist ein Mischwesen aus der griechischen Mythologie, bestehend aus halb Mensch (Kopf, Rumpf und Arme) und halb Pferd (Körper und Beine). Kentauren gelten als rüpelhaft, streit- und trunksüchtig, überaus kämpferisch, hinterlistig und sind keine Kostverächter, was Frauen angeht.

Zubereitung

Die Früchte waschen, verlesen, abtropfen lassen und mit einem Messer mehrmals einstechen.

Die Vanilleschote längs halbieren. Den Kandis etwas zerstoßen.

Alle Zutaten in das Ansatzgefäß geben und gut verschlossen an einem dunklen, kühlen Ort 5 Wochen reifen lassen.

Die Flüssigkeit abseihen, die Früchte auffangen und den Likör in schöne Flaschen füllen. Die Früchte separat in verschließbare Gläser geben. Likör und Früchte bis zum Verbrauch im Kühlschrank aufbewahren. Vor dem Servieren die Früchte in Gläser geben und mit dem Likör auffüllen.

Zutaten

1 kg Schlehen
1 Vanilleschote
500 g Kandiszucker
3 Flaschen Doppelkorn (je 750 ml)

Tipp

Machen Sie sich aus Ihrem Schlehenlikör einen phantastischen Cocktail. Dazu 1 cl Grenadinesirup in eine gekühlte Sektflöte gießen, 1 cl Orangenlikör (30–40 %) als zweite Schicht darübergießen. Dann vorsichtig zuerst 1 cl Schlehenlikör und dann 1 cl Sahne darübergeben, so dass sie auf der Oberfläche schwimmt. Eine Verzierung des Glases ist nicht nötig, da die einzelnen Schichten schon sehr dekorativ sind.

Werwolf (Feigenlikör)

Der Werwolf ist in weltweit verbreiteten Mythologien, Sagen und Dichtungen ein Mensch, der sich in einen Wolf verwandeln kann. In den meisten Sagen wird von Männern berichtet, die einen Pakt mit dem Teufel eingingen. Vom Teufel mit einem Gürtel aus Wolfsfell „beschenkt", konnten sie sich mit diesem in einen Werwolf verwandeln. Dieses Wesen wird als unheilvoll und raubtierhaft beschrieben, auch weil es sein Opfer zerfleischt. Eine besondere Geschichte findet sich im Rheinland. Hier, wo er als „Stüpp" bekannt ist, lauert der Werwolf seinen Opfern auf und lässt sich von ihnen bis zum Erschöpfungstod tragen.

Zubereitung

Die Früchte waschen, abtropfen lassen und halbieren. Die Vanilleschoten längs halbieren. Den Kandis etwas zerstoßen.

Alle Zutaten in das Ansatzgefäß geben und gut verschlossen an einem dunklen, kühlen Ort 4 Wochen reifen lassen.

Die Flüssigkeit abseihen und den Likör in schöne Flaschen füllen. Den Likör im Kühlschrank aufbewahren und zum Servieren mit frischen Feigen garnieren.

Zutaten

1 kg frische Feigen
2 Vanilleschoten
300 g weißer Kandiszucker
200 g Honig
3 Flaschen Obstbranntwein (je 750 ml)

Trollgesöff (Zwetschgenlikör)

In der nordischen Mythologie spielen Trolle eine große Rolle und waren ursprünglich plumpe, unheimliche, übernatürliche Wesen, häufig schadenbringende Riesen.
Allein in 21 der norwegischen Volksmärchen, die von Peter Christen Asbjørnsen und Jørgen Moe herausgegeben wurden, kommen Trolle vor. Hier hat sich der Mythos erhalten, die Trolle würden kleine Kinder stehlen und ihre eigenen Kinder ins menschliche Kinderbettchen legen.

Zubereitung

Die Früchte waschen, abtropfen lassen, halbieren und entkernen.

Die Vanilleschote längs halbieren. Den Kandis etwas zerstoßen.

Alle Zutaten in das Ansatzgefäß geben und gut verschlossen an einem dunklen, kühlen Ort 5 Wochen reifen lassen.

Die Flüssigkeit abseihen, die Früchte auffangen und den Likör in schöne Flaschen füllen. Die Früchte separat in verschließbare Gläser geben. Likör und Früchte bis zum Verbrauch im Kühlschrank aufbewahren. Vor dem Servieren die Früchte in Gläser geben und mit dem Likör auffüllen.

Zutaten

1 kg Zwetschgen
1 Vanilleschote
500 g brauner Kandiszucker
2 Zimtstangen
3 Flaschen Obstbranntwein, oder Rum (je 750 ml)

Hydras Trost (Erdbeerlikör)

Die Hydra stammt aus der griechischen Mythologie und ist ein vielköpfiges, schlangenähnliches Untier. Wenn sie einen Kopf verliert, wachsen sofort an dessen Stelle zwei neue nach; der Kopf in der Mitte ist unsterblich. Sie lebte im südlichen Griechenland, in den schwer zugänglichen Sümpfen von Lerna, was ihr auch den Beinamen Lernäische Schlange einbrachte. Sie kam aufs Land, um Viehherden zu zerreißen und Felder zu verwüsten. Der griechische Held Herakles tötete die Hydra, indem er die Köpfe abschlug, während sein Neffe Iolaos die entstandenen Wunden sogleich ausbrannte. Auf diese Weise konnten keine Köpfe mehr nachwachsen. Den goldenen, unsterblichen Kopf vergrub Herakles unter einem Stein.

Zubereitung

Die Früchte waschen, abtropfen lassen und verlesen. Die Vanilleschote der Länge nach halbieren. Den Kandis etwas zerstoßen. Alle Zutaten in das Ansatzgefäß geben und gut verschlossen an einem dunklen, kühlen Ort 4 Wochen reifen lassen.

Die Flüssigkeit abseihen und in schöne Flaschen füllen. Den Likör im Kühlschrank aufbewahren und zum Servieren mit frischen Erdbeeren garnieren.

Zutaten

1 kg frische Erdbeeren
1 Vanilleschote
300 g weißer Kandiszucker
250 ml Erdbeersirup
3 Flaschen Korn (je 750 ml)

Tipp

Einen besonders leckereren Cocktail mit Erdbeerlikör können Sie wie folgt zubereiten: etwa 5 Erdbeeren mit 1 Esslöffel Crushed Ice im Mixer zerkleinern und mit 4 cl weißen Rum, 2 cl Erdbeerlikör, 2 cl Limettensaft im Shaker miteinander vermischen. In ein Longdrink-Glas füllen und mit einem dicken Strohhalm verziert mit einer Erdbeere servieren.

Vollmonds Blut (Cranberrylikör)

Schon immer zog der Mond die Menschen in seinen Bann. Zum Beispiel wird in vielen Mythen berichtet, dass Werwölfe den Vollmond anbeten. Im antiken Rom wurden für Mädchen besondere Amulette als Schmuckstücke angefertigt, um sie unter den Schutz der Göttin Diana – sie galt als Beschützerin der Frauen und Mädchen – zu stellen. In der römischen Mythologie ist Diana die Göttin des Mondes und auch der Jagd.

Zubereitung

Die Früchte waschen, abtropfen lassen, verlesen und mit einer Stopfnadel mehrfach einstechen. Die Limetten gut waschen und in Stücke schneiden. Die Vanilleschoten längs halbieren. Den Kandis etwas zerstoßen.

Alle Zutaten in das Ansatzgefäß geben und gut verschlossen an einem dunklen, kühlen Ort 4 Wochen reifen lassen.

Die Flüssigkeit abseihen, die Früchte auffangen (Limetten werden nicht benötigt) und den Likör in schöne Flaschen füllen. Die Früchte separat in verschließbare Gläser geben. Likör und Früchte bis zum Verbrauch im Kühlschrank aufbewahren. Vor dem Servieren einige Cranberries in Gläser geben und mit dem Likör auffüllen.

Zutaten

1 kg Cranberries
2 Limetten
2 Vanilleschoten
500 g weißer Kandiszucker
200 ml Beerensaft (z. B. Kirsche, Brombeere)
3 Flaschen Obstbranntwein (je 750 ml)

Tipp

Bei uns gibt es frische Cranberries von Oktober bis etwa Dezember zu kaufen. Die frischen Beeren halten im Kühlschrank bis zu einem Monat, lassen sich auch hervorragend einfrieren. Cranberries werden ungewaschen eingefroren und können bis zu einem Jahr aufbewahrt werden. Für die weitere Verarbeitung nicht auftauen, sondern nur mit kaltem Wasser abspülen und wie frische Beeren zubereiten.

Nymphengift (Pflaumenlikör)

In der griechischen und römischen Mythologie sind Nymphen geheimnisvolle Naturgeister bzw. Personifikationen der Natur. Sie lassen sich nur an ruhigen Orten nieder und meiden Lärm und Hast. Als weibliche Gottheiten beschützen und bewachen sie bestimmte Plätze, Bäume, Berge und Quellen und sind gegenüber den Menschen freundlich und hilfsbereit. Nymphen leben sehr lange (sie sollen bis 6000 Jahre alt werden), werden aber immer als wunderschöne junge Mädchen dargestellt. Wenn sie aber nach einer langen Lebenszeit sterben, vergeht auch die jeweilige Pflanze oder Quelle, mit der sie verbunden sind.

Zubereitung

Die Pflaumen waschen, abtropfen lassen, halbieren und entsteinen.

Den Kandis etwas zerstoßen. Den Wein mit Zimt und Honig in einem Topf erhitzen, bis sich der Honig aufgelöst hat. Von der Herdplatte nehmen und vollständig abkühlen lassen.

Alle Zutaten in das Ansatzgefäß geben und gut verschlossen an einem dunklen, kühlen Ort 3–4 Wochen reifen lassen.

Die Flüssigkeit abseihen, die Früchte auffangen und den Likör in schöne Flaschen füllen. Die Früchte separat in verschließbare Gläser geben. Likör und Früchte bis zum Verbrauch im Kühlschrank aufbewahren. Nymphengift zum Servieren mit den Pflaumen garnieren.

Zutaten

1 kg Pflaumen
300 g brauner Kandiszucker
250 ml Weißwein
2 Zimtstangen
200 g Honig
750 ml Zwetschgenwasser
(je 750 ml)

Basiliskenfeuer (Birnenlikör)

Der Basilisk ist ein mythisches Tier (ein Mischwesen) und hat den Oberkörper eines Hahns und den Unterkörper einer Schlange, mit zwei Vogelbeinen oder manchmal auch mehren. Basilisken symbolisieren indirekt den Tod, den Teufel, die Sünde oder den Antichristen. Menschen, welche einen Blick in seine roten Augen riskieren, werden in Steine verwandelt; Tiere schrumpfen zusammen. Sein giftiger Atem kann Wälder in Wüsten verwandeln, Pflanzen verdorren lassen, Bäche und Flüsse verpesten und Steine zerteilen. Er stinkt dermaßen, dass Vögel tot vom Himmel fallen. Ein kleiner Biss von ihm ist tödlich.

Zubereitung

Die Birnen waschen, abtropfen lassen, vierteln, vom Kerngehäuse befreien und in Stücke schneiden. Die Vanilleschote längs halbieren. Die Zitrone auspressen und den Saft mit dem Birnensaft, der Vanilleschote und dem Kandis in einem Topf erhitzen, solange, bis der Zucker aufgelöst ist. Anschließend vollständig abkühlen lassen.

Alle Zutaten in das Ansatzgefäß geben und gut verschlossen an einem dunklen, kühlen Ort 3 Wochen reifen lassen.

Die Flüssigkeit abseihen, die Früchte auffangen und den Likör in schöne Flaschen füllen. Die Früchte separat in verschließbare Gläser geben. Likör und Früchte bis zum Verbrauch im Kühlschrank aufbewahren.

Vor dem Servieren einige Birnen in Gläser geben und mit dem Likör auffüllen.

Zutaten

1 kg Birnen
1 Vanilleschote
1 Zitrone
250 ml Birnensaft
500 g weißer Kandiszucker
3 Flaschen Obstbranntwein (je 750 ml)

Tipp

Verwenden Sie für diesen Likör reife, vollaromatische Birnen.

Lebenssaft

Als Lebenssaft wird allgemein Blut angesehen. Zu sehen, wie beim Verbluten eines Menschen (oder beim Ausbluten eines Schlachttiers) die Kräfte schwanden, führte die Menschen zu dem Schluss, dass Blut der Grundstoff des Lebens sei. In der griechischen und germanischen Mythologie wurde der Mensch deshalb als aus dem Blut der Götter erschaffen angesehen.

Zubereitung

Die Beeren waschen, abtropfen lassen und verlesen.
Die Vanilleschote halbieren und mit dem Fruchtsaft und dem Zucker in einem Topf erhitzen und den Zucker schmelzen lassen. Danach vollständig abkühlen lassen.

Alle Zutaten in das Ansatzgefäß geben und gut verschlossen an einem dunklen, kühlen Ort 5–6 Wochen reifen lassen.

Die Flüssigkeit abseihen, die Früchte auffangen und den Likör in schöne Flaschen füllen.
Die Früchte separat in verschließbare Gläser geben. Likör und Früchte bis zum Verbrauch im Kühlschrank aufbewahren. Vor dem Servieren einige Beeren in Gläser geben und mit dem Likör auffüllen.

Zutaten

1 kg gemischte Beeren (Brombeeren, Himbeeren, Heidelbeeren)
1 Vanilleschote
300 ml roter Fruchtsaft
500 g weißer Kandiszucker
3 Flaschen Himbeergeist (je 750 ml)

The white Witch (Ananaslikör)

Weiße Magie und damit die Hexen, die diese praktizieren, stehen für gute und positive Absichten. Weiße Hexen sind immer gute, positive, reine und hilfreiche magische Wesen. Weiß ist die Farbe der Reinheit und des Friedens und die weiße Magie verbietet, dass anderen Schaden zugefügt wird.

Zubereitung

Die Ananas schälen und das Fruchtfleisch in mundgerechte Stücke schneiden.

Die Vanilleschote längs halbieren. Den Kandis etwas zerstoßen.

Alle Zutaten in das Ansatzgefäß geben und gut verschlossen an einem dunklen, kühlen Ort 5–6 Wochen reifen lassen.

Die Flüssigkeit abseihen, die Früchte auffangen und den Likör in schöne Flaschen füllen.
Die Früchte separat in verschließbare Gläser geben. Likör und Früchte bis zum Verbrauch im Kühlschrank aufbewahren. Vor dem Servieren einige Ananasstücke in Gläser geben und mit dem Likör auffüllen.

Zutaten

1 frische Ananas
1 Vanilleschote
400 g weißer Kandiszucker
100 g Honig
3 Flaschen Korn (je 750 ml)

Belebungs-Saft

Ihr belebender Saft machte die Zitrone zum Symbol des Lebens und schützte gegen alles Lebensfeindliche. Nach altem Glauben schützte die Zitrone überdies auch gegen böse Verzauberung. Weiße Hexen setzten deshalb die Zitrone in Zaubertränken ein.

Zubereitung

Die Zitronen gründlich waschen und vierteln. Die Vanilleschoten längs halbieren. Den Kandis etwas zerstoßen.

Alle Zutaten in das Ansatzgefäß geben und gut verschlossen an einem dunklen, kühlen Ort 5–6 Wochen reifen lassen.

Die Flüssigkeit abseihen und den Likör in schöne Flaschen füllen. Den Likör im Kühlschrank aufbewahren. Lebenssaft zum Servieren mit frischen Zitronenscheiben garnieren.

Zutaten

1 kg Zitronen (unbehandelt)
2 Vanilleschoten
500 g weißer Kandis
200 g Honig
3 Flaschen Korn (je 750 ml)

Hexenflug (Apfellikör)

Ein Hexenflug war in der mittelalterlichen Vorstellung eine Hexe, die auf Besen, Tieren, Stühlen, Zäunen, Ästen und anderem durch die Luft fliegen konnte.
In seinem Hexenhammer beschreibt Kramer, dass Hexen beliebige Gegenstände mit aus Kindern (vor allem ungetauften) hergestellten Salben einrieben und sich dann mit Hilfe eines Dämons in die Lüfte erhöben. Allerdings war das Fliegen laut Kramer auch ohne Einwirkung eines Dämons und ohne Salbe möglich.

Zubereitung

Die Äpfel waschen, vierteln, entkernen. Die Vanilleschote der Länge nach halbieren.

Den Apfelsaft mit Vanilleschote und Zucker in einem Topf erhitzen, bis der Kandis geschmolzen ist. Danach abkühlen lassen.

Alle Zutaten in das Ansatzgefäß geben und gut verschlossen an einem dunklen, kühlen Ort 4 Wochen reifen lassen.

Die Flüssigkeit abseihen und den Likör in schöne Flaschen füllen. Den Likör im Kühlschrank aufbewahren. Den Likör zum Servieren mit frischen Apfelscheiben garnieren.

Zutaten

1 kg Äpfel
1 Vanilleschote
300 ml Apfelsaft
500 g weißer Kandiszucker
3 Flaschen Obstbranntwein (je 750 ml)

Elfennass (Feigen-Likör mit Orangen)

Elfen sind Lichtgestalten oder Naturgeister, die ursprünglich aus der nordischen Mythologie stammen. Allgemein verstecken sich die scheuen Wesen und verschwinden, sobald sich ein Mensch nähert. Es wird gesagt, falls ein Mann doch einmal eine weibliche Elfe erblicken kann, dass er dann nach einer Frau sucht, die der Schönheit dieser Elfe gleicht. Da die Schönheit einer Frau aber niemals der einer Elfe gleichkommt, ist der Mann zu einem einsamen Leben verdammt.

Zubereitung

Die Feigen waschen und halbieren. Die Orangen heiß abwaschen und mit der Schale in Stücke schneiden. Die Vanilleschote längs halbieren.

Alle Zutaten in das Ansatzgefäß geben und gut verschlossen an einem dunklen, kühlen Ort 4 Wochen reifen lassen.

Die Flüssigkeit abseihen und den Likör in schöne Flaschen füllen. Den Likör im Kühlschrank aufbewahren und zum Servieren mit frischen Orangenscheiben garnieren.

Zutaten

500 g frische Feigen
500 g Orangen (unbehandelt)
1 Vanilleschote
500 g weißer Kandiszucker
3 Flaschen Obstbranntwein (je 750 ml)

Dark Shadows (Heidelbeerlikör)

Dunkle Schatten lassen einem das Blut gefrieren, die Haare zu Berge stehen, verursachen ein Kribbeln im Magen und lassen uns gruseln. Dunkle Schatten sind Vorboten des drohenden Unheils und lassen uns auf unseren Sitzen tiefer rutschen.

Zubereitung

Die Beeren waschen, abtropfen lassen und halbieren. Die Vanilleschoten der Länge nach halbieren und mit Weißwein, Honig und Kandis in einem Topf erhitzen, so lange bis sich der Zucker aufgelöst hat. Anschließend vollständig abkühlen lassen.

Alle Zutaten in das Ansatzgefäß geben und gut verschlossen an einem dunklen, kühlen Ort 4 Wochen reifen lassen.

Die Flüssigkeit abseihen, die Früchte auffangen und den Likör in schöne Flaschen füllen. Die Früchte separat in verschließbare Gläser geben. Likör und Früchte bis zum Verbrauch im Kühlschrank aufbewahren.
Vor dem Servieren einige Heidelbeeren in Gläser geben und mit dem Likör auffüllen.

Zutaten

1 kg Heidelbeeren
2 Vanilleschoten
125 ml Weißwein
100 g Honig
400 g brauner Kandiszucker
3 Flaschen Weinbrand (je 750 ml)

Tipp

Einen köstlichen Longdrink erhalten Sie, wenn Sie 4 cl Heidelbeerlikör mit 12 cl Bitter Lemon und mit 2 Eiswürfeln in ein Longdrink-Glas geben.

Unholdsblut (Birnen-Zitronen-Likör)

Als literarische Figuren werden Unholde vor allem in Märchen, Sagen und in der gegenwärtigen Fantasyliteratur erwähnt. Sie sind böse, dämonische, furchteinflößende Kreaturen, aber auch Geister oder Ungeheuer.

Zubereitung

Die Birnen waschen und halbieren. Die Zitronen heiß abwaschen und mit der Schale in Stücke schneiden.
Die Vanilleschoten längs halbieren und mit Honig, Kandiszucker und Saft in einem Topf erhitzen, bis der Zucker geschmolzen ist. Danach vollständig abkühlen lassen.

Alle Zutaten in das Ansatzgefäß geben und gut verschlossen an einem dunklen, kühlen Ort 4–5 Wochen reifen lassen.

Die Flüssigkeit abseihen, die Birnen auffangen und den Likör in schöne Flaschen füllen. Die Früchte in verschließbare Gläser geben. Den Likör und die Früchte im Kühlschrank aufbewahren. Unholdsblut zum Servieren mit den Birnen garnieren.

Zutaten

500 g reife Birnen
500 g Zitronen (unbehandelt)
2 Vanilleschoten
200 g Honig
300 g Kandiszucker
200 ml Birnensaft
3 Flaschen Obstbranntwein (je 750 ml)

Für Kräuterhexen

Leckere Liköre mit Kräutern

Auch für Ihre Kräuterliköre sollten Sie nur einwandfreie, frische Ware verwenden. Heutzutage ist es ein Leichtes, Kräuter im eigenen Garten oder auf dem Balkon im Topf zu pflanzen. Kräuter sind kaum pflegeintensiv und eignen sich zudem als herrliches Gewürzmittel in der Küche.

Kräuterliköre helfen der Verdauung, trinken Sie deshalb nach dem Essen ein Likörchen.
Probieren Sie die leckeren Kräuterliköre – Sie werden begeistert sein.
Zum Servieren dekorieren Sie die Likörgläser mit frischen Kräuterzweigen, das sieht schön aus und jeder weiß direkt, um was für einen Likör es sich handelt.
Wenn Sie eine Flasche Kräuterlikör verschenken möchten, sieht es sehr schön aus, wenn Sie das entsprechende Kraut – besonders schön ist das blühende Kraut – mit einer Schleife an die Flasche binden.

Einhornssaft (Zitronenmelisse-Likör)

Einhörner sind graziöse Fabeltiere, meist in Pferdegestalt, aus dem Reich der Feen und Elfen; sie leben versteckt in den Wäldern. Unzählige Mythen und Legenden ranken sich um das Einhorn und der Heilkraft seines Horns. Dieses sagenumwobene Horn auf seiner Stirn soll magische Kräfte besitzen und gilt als wertvolles Heilmittel, das Gift neutralisieren kann. Wer das Blut eines Einhorns trinkt, erhält Unsterblichkeit, aber in seinem langen Leben wird er von nun an kein Glück mehr haben. Die Tränen des Einhorns können Tote wieder zum Leben erwecken und Versteinerungen aufheben.

Zubereitung

Die Zitronen waschen. Zwei in Scheiben schneiden. Von den anderen beiden die Schale abreiben und den Saft auspressen. Die Zitronenmelisse waschen, gut trockentupfen und etwas klein schneiden. Die Vanilleschote längs halbieren.

Alle Zutaten in das Ansatzgefäß geben und gut verschlossen an einem dunklen, kühlen Ort 2–3 Wochen reifen lassen.

Die Flüssigkeit abseihen und in schöne Flaschen füllen. Den Likör im Kühlschrank aufbewahren. Einhorns Saft zum Servieren mit frischen Zitronenscheiben garnieren.

Zutaten

4 Zitronen (unbehandelt)
1 Bund Zitronenmelisse
1 Vanilleschote
300 g weißer Kandiszucker
2 Flaschen Grappa (je 1 Liter)

Elixier des ewigen Lebens (Pfefferminzlikör)

Elixier ist aus dem „Alchemistenlatein“ als elixirum bekannt. In Märchen, Sagen und Legenden spielen Elixiere oft eine wichtige Rolle und werden als Heiltrank oder als Zaubertrank verabreicht. Sogar von einem Elixier des Lebens oder Elixier der ewigen Jugend ist die Rede. So ein Trunk wird von kundigen Hexen, Magiern oder Druiden zubereitet, um besonders starke Zauberkräfte zu erlangen. Elixiere werden aber auch Nichthexen verabreicht (oder Opfern, bei unwissentlicher Einnahme), um diesen bestimmte Vor- bzw. Nachteile zu verschaffen.

Zubereitung

Die Minze waschen, gut trockenschütteln und die harten Stielenden abschneiden. Den Zucker mit der Zitronenschale in 400 ml Wasser in einem Topf aufkochen und so lange köcheln, bis sich der Zucker vollständig aufgelöst hat.
Alle Zutaten in das Ansatzgefäß geben und das Ganze gut verschlossen an einem dunklen, kühlen Ort 6 Wochen reifen lassen.

Die Flüssigkeit abseihen und in schöne Flaschen füllen. Den Likör im Kühlschrank aufbewahren. Den Likör zum Servieren mit frischen Zitronenscheiben oder frischen Pfefferminzzweigen garnieren.

Zutaten

500 g frische Pfefferminze
300 g weißer Kandiszucker
Schalenabrieb von 1 Zitrone
2 Flaschen Doppelkorn (je 750 ml)

Tipp

Zaubern Sie aus Ihrem Pfefferminzlikör einen leckeren Cocktail. Dazu 4cl Gin mit 2 cl Zitronensaft, 1 cl Zuckersirup, 2 Spritzer Pfefferminzlikör und 4 Eiswürfeln in einen Shaker geben und schütteln. Den Cocktail in ein Longdrinkglas geben und mit Sodawasser auffüllen. Mit einer Zitronenscheibe garnieren und mit einem Trinkhalm servieren.

Drudenfeuer (Rosmarinlikör)

Druden waren im mittelalterlichen Volksglauben hexenhafte weibliche Nachtgeister, die schlafende Menschen quälten, indem sie sich nachts mit ihrem ganzen Gewicht auf sie setzten und unbarmherzig drückten.

Zubereitung

Den Rosmarin waschen, gut trockenschütteln und die harten Stielenden abschneiden. Den Zucker mit 400 ml Wasser in einem Topf so lange köcheln, bis sich der Zucker vollständig aufgelöst hat.

Alle Zutaten in das Ansatzgefäß geben und das Ganze gut verschlossen an einem dunklen, kühlen Ort 4 Wochen reifen lassen.

Die Flüssigkeit abseihen und in schöne Flaschen füllen. Den Likör im Kühlschrank aufbewahren. Den Likör zum Servieren mit frischen Zitronenscheiben oder frischen Rosmarinzweigen garnieren.

Zutaten

6 Zweige Rosmarin
500 g Kandiszucker
2 Flaschen Korn
(je 750 ml)

Tipp

Zaubern Sie mit ihrem Rosmarinlikör einen spritzigen Aperitif. Dazu 1 cl Likör in ein Sektglas geben und mit eiskaltem Sekt auffüllen.

Kräuter-Allerlei-Punsch (Kräuterlikör)

Zubereitung

Die Kräuter waschen und trockenschütteln.

Alle Zutaten in das Ansatzgefäß geben und das Ganze gut verschlossen an einem dunklen, kühlen Ort 5–6 Wochen reifen lassen.

Die Flüssigkeit abseihen und in schöne Flaschen füllen. Den Likör im Kühlschrank aufbewahren. Den Likör zum Servieren mit frischen Zitronenscheiben garnieren.

Zutaten

1 ½ Bund gemischte Kräuter (Rosmarin, Minze, Salbei, Thymian)
Schalenabrieb von 1 Zitrone
500 g Kandiszucker
1 L Wodka

Koboldfusel (Fichtennadellikör)

In fast allen Überlieferungen werden Kobolde als "klein" beschrieben. Sie treten in verschiedenster Kleidung auf, tragen aber nur in sehr seltenen Fällen Schuhe. Das geht sogar so weit, dass man sie von Haus und Hof vertreiben kann, wenn man ihnen Schuhe anbietet. Alle Kobolde haben eine Kopfbedeckung (Mütze oder Hut), die sie unsichtbar macht.

Zubereitung

Die Fichtenspitzen waschen, gut trockentupfen und mit den übrigen Zutaten in das Ansatzgefäß geben.

Das Gefäß gut verschließen und an einen warmen, sonnigen Platz für 6 Wochen reifen lassen.

Die Flüssigkeit abseihen und in schöne Flaschen füllen. Den Likör bis zum Herbst in den Flaschen ruhen lassen und möglichst erst dann genießen. Vorheriges Kosten ist erlaubt!

Zutaten

130 g Fichtenspitzen
200 g weißer Kandiszucker
100 g Honig
2 Flaschen Korn (je 750 ml)

Tipp

Verwenden Sie für diesen Likör die sogenannten Maiwipferl. Das sind die kleinen, hellgrünen Triebe der Fichten, die im Mai geerntet werden. Da sind sie noch ganz weich und frisch.

Merlinsgold (Salbeilikör)

Viele Legenden ranken sich um die Figur des Merlin. Uns ist er vor allem aus den Erzählungen von König Artus, seiner Tafelrunde und den kühnen Rittern bekannt. Merlin ist Zauberer, Weiser, Seher, Lehrmeister und Bewahrer eines Königreiches. Er ist ein Mysterium aus den Tiefen der Zeit; geheimnisvoll, sagenumwoben und nie ganz greifbar.

Zubereitung

Den Salbei waschen und gut trockentupfen. Den Kandiszucker zerstoßen und mit dem Korn in das Ansatzgefäß geben. Kräftig schütteln, bis sich der Zucker aufgelöst hat.

Den Salbei dazugeben und das Ganze gut verschlossen an einem dunklen Ort 2–3 Wochen reifen lassen.

Die Flüssigkeit abseihen und in schöne Flaschen füllen. Den Likör im Kühlschrank aufbewahren.

Zutaten

1 Bund Salbei
80 g weißer Kandiszucker
1 Flasche Doppel-Weizenkorn (1 Liter)

Hexenkraut (Rosmarinlikör mit Gewürzen)

Es gibt tatsächlich ein Kraut mit dem Namen „Hexenkraut". Es wächst in dunklen, feuchten Auwäldern. Früher galt das Hexenkraut als wichtiges magisches Kraut, zum Schutz gegen Zauber und Unheil. Leider eignet es sich aber nicht für die Zubereitung eines Likörs.

Zubereitung

Den Rosmarin waschen, trockentupfen und in das Ansatzgefäß geben. Die Gewürze mithilfe eines Mörsers grob zerstoßen.

Gewürze mit Honig und Wein in einen Topf geben und so lange erhitzen, bis sich der Honig gelöst hat. Anschließend abkühlen lassen.

Den Kandiszucker etwas zerstoßen. Alle Zutaten zum Rosmarin geben und das Ganze gut verschlossen an einem dunklen Ort 6 Wochen reifen lassen.

Die Flüssigkeit abseihen und in schöne Flaschen füllen. Den Likör im Kühlschrank aufbewahren. Den Likör zum Servieren mit frischen Rosmarinzweigen garnieren.

Zutaten

1 Bund Rosmarin
Je 2 EL Nelken, Wacholderbeeren, Kümmel, schwarzer Pfeffer, Kardamom
3 Sternanis
200 g Honig
200 ml Weißwein
300 g brauner Kandiszucker
3 Flaschen Branntwein (je 750 ml

Todesfeen-Schrei (Sechs-Kräuter-Likör)

Eine Todesfee wird auch eine Banshee genannt, was „Frau aus den Hügeln", „Frau aus dem Feenreich", „Geisterfrau" bedeutet. In der keltischen Mythologie und im Volksglauben Irlands ist sie ein weiblicher, furchterregender Geist aus der Anderswelt. Ihre Erscheinung, begleitet von einem schrecklichen Klagegesang, kündigt einen bevorstehenden Tod in der Familie an. Todesfeen sind meistens alt, werden aber manchmal auch als langmähnige, junge Frauen in flatternden langen weißen Gewändern gehüllt mit rotgeweinten Augen beschrieben.

Zubereitung

Die Kräuter waschen, trockenschütteln und in das Ansatzgefäß geben.

Kandiszucker etwas zerstoßen und mit Honig und Wodka zugeben. Gut verschlossen 5 Wochen reifen lassen.

Die Flüssigkeit abseihen und in schöne Flaschen füllen. Den Likör im Kühlschrank aufbewahren. Den Likör zum Servieren mit frischen Kräuterzweigen garnieren.

Zutaten

Jeweils 2 Zweige Rosmarin, Thymian, Oregano
4 Salbeiblätter
1 Zweig Majoran
10 Blätter Zitronenmelisse
225 g weißer Kandiszucker
75 g Honig
1 Flasche Wodka (1 Liter)

Hexenfluch (Thymianlikör)

Ein Fluch ist ein Spruch, der auf ritualisierte, magische Weise einer Person Unheil bringen soll, er kann aber auch zur Sühne bewegen bzw. zwingen. Zorn, Rachegelüste oder der Wunsch nach Bestrafung können Gründe sein, einen Fluch auszusprechen. Der Verfluchte muss dabei weder zugegen sein noch von dem Fluch wissen. Im Sinne einer Bestrafung kommen Flüche von Zauberwesen auch im Märchen vor.

Zubereitung

Thymian waschen, trockentupfen und in das Ansatzgefäß geben. Den Kandiszucker etwas zerstoßen.

Alle Zutaten zum Thymian geben und das Ganze gut verschlossen an einem dunklen Ort 5 Wochen reifen lassen.

Die Flüssigkeit abseihen und in schöne Flaschen füllen. Den Likör im Kühlschrank aufbewahren. Den Likör zum Servieren mit frischen Thymianzweigen garnieren.

Zutaten

4 Zweige Thymian
250 g weißer Kandiszucker
Schalenabrieb von 1 Zitrone
100 g Honig
2 Flaschen Doppelkorn (je 750 ml)

Für Hexen- und Koboldsglück

Liköre mit besonderen Ingredienzien

Wer kennt ihn nicht, den allseits beliebten Eierlikör? Aber selbstgemachter Eierlikör schmeckt noch einmal so lecker.

Die folgenden Liköre machen nicht nur Hexen und Kobolde glücklich, sondern bestimmt auch Sie, Ihre Freunde und Ihre Familie.

Servieren Sie die Liköre mit besonderen Ingredienzien in besonders schönen Gläsern. Viele Liköre wie Walnusslikör, Schokoladenlikör oder Lebkuchenlikör schmecken sehr gut mit einem Tupfen geschlagener Sahne.

Wenn Sie eine Likörflasche verschenken möchten, versehen Sie die Flasche mit einem schönen Etikett und beschriften Sie dieses entsprechend.

Hexenkuss (Eierlikör)

Zubereitung

Die Vanilleschote längs halbieren und das Vanillemark herauskratzen. Eigelbe mit dem gesiebten Puderzucker und dem Vanillemark über einem warmen Wasserbad cremig schlagen, mindestens 5 Minuten. Die Schüssel aus dem Wasserbad nehmen und nach und nach den Whisky dazugeben. Anschließend die Schlagsahne unterrühren.Den Eierlikör für 1–2 Stunden in den Kühlschrank stellen und anschließend in dekorativen Flaschen abfüllen.

Zutaten

1 Vanilleschote
12 Eigelb
350 g Puderzucker
700 ml Whiskey
4 Becher Schlagsahne

Tipp

Sie können für Ihren Eierlikör anstelle von Whisky auch Korn oder Cognac verwenden. Mit Eierlikör lassen sich sehr viele Cocktails zubereiten. Probieren Sie einmal diesen: 2 cl weißen Rum mit 3 cl Eierlikör, 2 cl Erdbeersirup und 2–3 Eiswürfeln im Shaker mixen und in ein Martiniglas füllen.

Abigails Likörchen (Walnusslikör)

Abigail ist ein typischer Hexenname. Er ist sehr beliebt bei Hexen, die Gutes bewirken wollen.

Zubereitung

Die Walnüsse öffnen und die Früchte aus den Nussschalen lösen. Die Vanilleschote längs halbieren. Den Kandis etwas zerstoßen.

Alle Zutaten in das Ansatzgefäß geben und das Ganze gut verschlossen an einem dunklen Ort 5–6 Wochen reifen lassen.

Die Flüssigkeit abseihen und in schöne Flaschen füllen. Die Nüsse separat in verschließbare Gläser geben. Likör und Nüsse bis zum Verbrauch im Kühlschrank aufbewahren. Vor dem Servieren einige Nüsse in Gläser geben und mit dem Likör auffüllen.

Zutaten

1 kg Walnüsse
1 Vanilleschote
500 g weißer Kandiszucker
1 Zimtstange
3 Flaschen Korn (je 750 ml)

Butzemann-Zauber (Rosenblütenlikör)

Der Butzemann ist ein koboldhafter, gespenstischer Kinderschreck. Die Figur, die vorwiegend aus dem süd- und norddeutschen sowie im skandinavischen Raum bekannt ist, wurde dort stark gefürchtet. Wir kennen den Butzemann auch aus Kindertagen durch das Kinderlied „Es tanzt ein Bi-Ba-Butzemann".

Zubereitung

Die Blüten zuerst nach evtl. Ungeziefer untersuchen und den weißen Kelchansatz entfernen. Die Vanilleschote längs halbieren.

Die Blüten in das Ansatzgefäß geben und den Zucker und die Vanillestange hinzufügen. Mit dem Wodka auffüllen und das Gefäß gut verschließen.

Das Ganze 5 Wochen an einem dunklen Ort bei Zimmertemperatur reifen lassen.

Die Flüssigkeit abseihen, in schöne Flaschen füllen und bis zum Verbrauch im Kühlschrank aufbewahren. Den Likör zum Servieren mit frischen Rosenblättern garnieren.

Zutaten

120 g Blütenblätter von Duftrosen
1 Vanilleschote
250 g Rohrzucker
1 L Wodka

Harpyienstaub (Holunderblütenlikör)

Die Harpyie ist ein Mischwesen und entstammt aus der griechischen Mythologie. Sie hat die Gestalt einer geflügelten Frau und ist tückisch, blutgierig und sucht mit Vorliebe Menschenopfer. In ihrem extrem schnellen Flug kann sie sogar den Wind überholen und Wirbelstürme und Orkane entfachen. Harpyien dienen den Göttern und vernichten jene, die die Götter verärgert haben. Eine Harpyie gilt als unverwundbar.

Zubereitung

Die Holunderblüten auf Ungeziefer untersuchen und von den Stielen befreien.

Alle Zutaten in das Ansatzgefäß geben, gut verschließen und an einem warmen Ort 2 Wochen reifen lassen.

Die Flüssigkeit abseihen und in eine große oder zwei kleine Flaschen füllen. Vor dem Genuss etwa 3 Monate an einem kühlen Ort ruhen lassen. Erst dann genießen.

Zutaten

12 Holunderblütendolden
200 g Zucker
1 Flasche Obstbrand (700 ml)

Modriges Tröpfchen (Honiglikör)

Moder steht für Fäulnis und Verwesung und wird deshalb gerne in Verbindung mit Hexen gebracht. In vielen Beschreibungen leben Hexen in Höhlen und sind umgeben von Mäusedreck und allerlei Getier. Über dem Feuer hängt ein großer, dampfender Kessel, in den das Zauberwesen alles Mögliche, von Unkenblut bis Spinnennetzen, hineinschmeißt, um einen Zaubertrank herzustellen – eben ein modriges Tröpfchen.

Zubereitung

Die Vanilleschote längs halbieren.

Alle Zutaten in das Ansatzgefäß geben und gut verschlossen an einem kühlen, dunklen Ort 2 Monate reifen lassen.

Den Likör abseihen und in eine große oder zwei kleine Flaschen füllen. Die Flaschen verschließen und den Likör evtl. noch 2 Wochen nachreifen lassen.

Zutaten

1 Vanilleschote
Schalenabrieb von ½ Zitrone
500 g flüssiger Honig (z. B. Akazien-, Blütenhonig)
½ Zimtstange
1 Gewürznelke
1 L Wodka

Black Raven (Schokoladenlikör)

Der Rabe ist das Krafttier von Zauberern und ein Bote zwischen den Welten, der Prophezeiungen allein durch seine Gegenwart unterstützt. Der Rabe symbolisiert Schutz, Weisheit und wurde auch von den alten Göttern und Königen genutzt. Angeblich kann eine Rabenfeder über dem Bett aufgehängt Träume schenken, die in die Zukunft blicken. Auch heute noch sind Raben beliebte Symbole in Lyrik und Filmen.

Zubereitung

Die Kuvertüre in kleine Stücke hacken und über dem heißen Wasserbad schmelzen. Den Zucker mit dem Kakaopulver in einer Schüssel miteinander vermischen und mit 100 ml kaltem Wasser zu einem flüssigen Brei verrühren.

Die Sahne in einem Topf aufkochen, Zucker-Kakao-Brei kräftig einrühren. Den Topf von der Herdplatte ziehen und die geschmolzene Kuvertüre und den Honig einrühren. Das Ganze vollständig abkühlen lassen und hin und wieder umrühren.

Den Rum unter die Schokosahne rühren und anschließend mit einem Stabmixer glatt mixen. Den Likör in eine Flasche füllen und gut verschlossen kühl und dunkel, jedoch nicht im Kühlschrank lagern. Vor dem Servieren kräftig durchschütteln, in Gläser füllen und mit frischen Schokoladenraspeln garnieren.

Zutaten

100 g Vollmilch-Kuvertüre
75 g Zucker
50 g Kakaopulver
500 g Sahne
25 g Honig
300 ml Rum

Medusas Geheimnis (Kaffee-Sahne-Likör)

Medusa ist eine Gestalt in der griechischen Mythologie. Medusa war ursprünglich eine betörende junge Frau von überragender Schönheit. Als aber Pallas Athene Poseidon, den Herrscher über die Meere, beim Liebesspiel mit Medusa überraschte, war sie darüber so zornig, dass sie Medusa in ein unglaubliches Ungeheuer verwandelte. Sie hatte fortan Schlangenhaare, lange Eckzähne, Schuppenpanzer, glühende Augen und eine heraushängende Zunge; ihr Anblick ließ jeden zu Stein erstarren.

Zubereitung

Die Eier trennen. Die Eigelbe im heißen Wasserbad mit Puderzucker und Vanillezucker etwa 10 Minuten mit dem Handmixer zu einer cremigen Masse schlagen. Die Schüssel vom Wasserbad nehmen und die Sahne unterrühren.

Eiweiß leicht cremig schlagen und unter die Eigelbmischung rühren. Die Schüssel in ein Eiswasserbad stellen und unter gelegentlichem Rühren abkühlen lassen.

Die kalte Creme durch ein feines Sieb gießen und den Whiskey und das Kaffeepulver untermischen. Den Likör in eine Flasche füllen, gut verschlossen kühl und dunkel lagern. Die Flasche vor dem Verzehr schütteln und am besten leicht gekühlt servieren.

Zutaten

5 frische Eier
160 g Puderzucker
1 Päckchen Vanillezucker
200 ml Sahne
300 ml Whiskey
1 TL Instant-Kaffeepulver

Der Trunk des Greifs (Lebkuchenlikör)

Der Greif ist ein mythisches Mischwesen, das aus verschiedenen Tierkörpern gebildet ist. Dargestellt wird es meist mit dem Leib eines Löwen, einem Raubvogelkopf mit mächtigem Schnabel, spitzen Ohren, kräftigen Klauen und riesigen Flügeln. Es gibt aber auch andere Varianten, bei denen das Wesen einen Schlangenkopf, Vogelfüße, den Schwanz eines Skorpions hat. Seine Eigenschaften sind enorme Stärke, Wachsamkeit und magische Fähigkeiten. Götter fühlten sich sicher mit einem Greif. Mit diesem als Wächter waren sie geschützt vor Angreifern, denn dessen enorme Sehkraft konnten ungebetene Ankömmlinge schon Meilen vor ihrem Eintreffen ausmachen.

Zubereitung

Die Kuvertüre im Wasserbad schmelzen.

Die Sahne etwas anschlagen, aber nicht fest. Den Korn mit Zucker und Lebkuchengewürz verrühren, die Schokolade unterrühren und anschließend die Sahne unterziehen.

Das Ganze in eine Flasche füllen und im Kühlschrank aufbewahren.

Zutaten

100 g Vollmilch-Kuvertüre
700 ml Sahne
300 ml Korn
80 g Zucker
4 TL Lebkuchengewürz

Geisterstunde (Esskastanienlikör)

Als Geisterstunde wird gemeinhin die Stunde zwischen 0.00 und 1.00 Uhr nachts beschrieben. Im Volksglauben erscheinen in dieser Zeit häufig Hexen, Teufel, Tote oder andere geisterhafte Gestalten. Diese Erscheinungen wurden von den Menschen als gefährlich angesehen und galten als schlechtes Omen, das möglicherweise den baldigen Tod voraussagte. In der weißen Magie hatte die Geisterstunde aber durchaus positive Aspekte: In der Volksmedizin war das Sammeln von Kräutern um Mitternacht besonders günstig, da den Kräutern dann eine verstärkte Wirkung nachgesagt wurde.

Zubereitung

Die Maronen etwas zerbröseln und mit dem Kandiszucker und der längs aufgeschnittenen Vanilleschote in das Ansatzgefäß geben. Den Rum dazugeben und das Ganze gut verschlossen 6–8 Wochen an einem dunklen, kühlen Ort reifen lassen. Gelegentlich schütteln. Nach 6–8 Wochen kann das Ganze z. B. durch einen Kaffeefilter gefiltert und in eine Flasche umgefüllt werden.

Die Flüssigkeit abseihen, in eine Flasche füllen und im Kühlschrank aufbewahren.

Zutaten

500 g Maronen (Esskastanien), als Fertigprodukt
400 g brauner Kandiszucker
1 Vanilleschote
1 Flasche weißer Rum (1 Liter)

Tipp

Sie können auch frische Maronen verwenden. Dazu die Esskastanien kreuzweise einritzen und im vorgeheizten Backofen bei 200 °C etwa 15–20 Minuten rösten. Danach schälen und weiterverarbeiten wie beschrieben.

Mantikors Nacht (Mandellikör)

Bei einem Mantikor handelt es sich um ein griechisch-persisches Fabel- bzw. Mischwesen. Er ist ein Raubtier, ein Kampf mit ihm endet meist tödlich, selbst wenn der Mensch mit Waffen ausgerüstet ist. Denn er ist in der Lage, giftige Pfeile bzw. Stacheln abzufeuern; er tötet aber auch mit seinen Krallen. Er ist sehr beweglich, kann weite Sprünge machen und hat eine sehr laute Stimme. Sein menschenähnlicher, behaarter Kopf sitzt auf einem Löwenkörper, an dessen Ende sich der Schwanz eines Skorpions mit einem vergifteten Dorn befindet. Sein persischer Name Martikhoras („Menschenfresser") verrät schon viel über dieses Wesen, weshalb es ratsam erscheint, einem Mantikor unbedingt aus dem Weg zu gehen.

Zubereitung

Die Vanilleschote längs halbieren und das Mark herauskratzen. Den Zucker mit Apfelsaft und Vanillemark aufkochen und bei mittlerer Hitze etwas einkochen lassen. Von der Herdplatte ziehen und abkühlen lassen.

Einige Tropfen Mandelaroma und den Rum verrühren und alle Zutaten in das Ansatzgefäß geben. Gut verschlossen an einem dunklen, kühlen Ort 6 Wochen reifen lassen.

Die Flüssigkeit abseihen und in eine große oder zwei kleine Flaschen füllen. Bis zum Verbrauch kühl stellen.

Zutaten

1 Vanilleschote
250 g Rohrzucker
250 ml Apfelsaft
Etwas Mandelaroma
1 Flasche weißer Rum (1 Liter)
200 g geschälte Mandeln, ohne Haut

Absinth Mephistopheles (Gewürzlikör)

„Absinth“ ist das deutsche Wort des französischen absinthe, das ursprünglich „Wermut“ bedeutete. Im Jahr 1915 wurde der Genuss von Absinth in Frankreich und 1923 auch in Deutschland (bis 1991) verboten. Schuld daran war der sogenannte Absinthismus. Diese Erkrankung, welche durch zu exzessiven Konsum des Getränks ausgelöst wurde, zeichnete sich aus durch schreckliche Symptome wie Wahnvorstellungen, Krämpfe und im schlimmsten Fall drohte angeblich sogar die völlige Erblindung. Mephistopheles, oder kurz Mephisto, ist ein anderer Name für Teufel. Mephistopheles wird der Teufel in Goethes Tragödie „Faust“ genannt, der mit ihm einen Teufelspakt eingeht.

Zubereitung

Die Vanilleschote der Länge nach halbieren.

Alles Zutaten in ein Ansatzgefäß geben und gut verschlossen an einem hellen Ort 6 Wochen reifen lassen.Den fertigen Likör abseihen und in eine Flasche füllen.

Zutaten

1 Vanilleschote
Jeweils 1 TL Fenchelsamen, Anis, Wacholderbeeren, Koriander
5 Nelken
1 Zimtstange
170 g Rohrzucker
1 Flasche Doppelkorn (750 ml)

Teufelsmacht (Chililikör)

Im Christentum ist der Teufel der Inbegriff des Bösen und wird als ein gefallener Engel angesehen, der gegen Gott rebellierte. So hat die Sünde ihren Ursprung in der Missetat Satans. Die mythische Gestalt des Teufels ist der Schwarze, sein Reich ist die Hölle.

Zubereitung

Die Vanilleschoten der Länge nach aufschneiden. Die Chilischoten waschen, trockentupfen und mit einem spitzen Messer mehrfach einstechen.

Alle Zutaten in das Ansatzgefäß geben und 3 Wochen an einem dunklen, kühlen Ort reifen lassen. Den Likör abseihen und in eine Flasche füllen.

Zutaten

2 Vanilleschoten
3 Chilischoten
300 g Rohrzucker
1 Flasche Weizenkorn (750 ml)

Grüner Liebeszauber (Waldmeisterlikör)

Liebeszauber finden zumeist in der weißen Magie Anwendung. Die Art und Weise, wie ein Liebeszauber durchgeführt wird, ist sehr variabel. Gesang, Talismane, wilde Tänze bei Vollmond und vieles andere können Teil eines Liebeszaubers sein. Sie können zwar sehr unterschiedlich ausgeführt werden, aber im Ergebnis und in der Wirkung sind sie gleich.

Zubereitung

Den gesäuberten Waldmeister zu einem Strauß zusammenbinden und für 3–4 Stunden kopfüber aufgehängt antrocknen lassen.
Den Kandis zerstoßen.

Alle Zutaten in das Ansatzgefäß geben und gut verschlossen 6 Tage reifen lassen.

Den Likör abseihen, in eine Flasche füllen und gut verschlossen weitere 3 Wochen an einem warmen Ort, aber nicht in der Sonne nachreifen lassen.

Zutaten

20 Stängel Waldmeister
200 g weißer Kandiszucker
Schalenabrieb von 1 Limette
1 Flasche Korn (1 Liter)

Tipp

Probieren Sie einmal: 2 cl Waldmeisterlikör in ein Sektglas mit eiskaltem Sekt auffüllen – lecker!

Nebelschwaden (Sahnelikör)

Nebelschwaden, wenn sie im Dunkeln über den Mooren im Licht des Vollmonds erscheinen, sorgen von jeher für Unbehagen. Im mittelalterlichen Aberglauben galt Nebel als Geistererscheinung. Er konnte aber auch entstehen, wenn Hexen oder Nebelfrauen kochen, backen oder brauen. Auf alle Fälle brachte er Schaden zu den Menschen, weshalb man versuchte, ihn durch nächtliches Glockengeläut, das sogenannte Nebelläuten, zu vertreiben.

Zubereitung

Die Sahne mit dem Zucker in einem Topf unter ständigem Rühren zum Kochen bringen. Bei milder Hitze so lange köcheln lassen, bis der Zucker geschmolzen ist. Den Topf von der Herdplatte ziehen und die Flüssigkeit vollständig abkühlen lassen.

Den Whiskey und die Sahne in das Ansatzgefäß geben und gut verschlossen 1 Woche an einem dunklen, kühlen Ort reifen lassen.

Den Likör abseihen, in eine Flasche füllen und bis zum Verbrauch im Kühlschrank aufbewahren.

Zutaten

400 ml Sahne
200 g Rohrzucker
1 Flasche Whiskey (600 ml)

Glückszauber-Likör (Margeritenblütenlikör)

Mit einem Glückszauber verhält es sich genauso wie mit dem Liebeszauber. Wenn man ihn trinkt, soll das Glück einsetzen und das Unheil wird abgewendet. Das Streben nach Glück ist in den Menschen fest verankert, wen wundert es also, das der Glückszauber-Likör so beliebt ist.

Zubereitung

Die Blüten auf Ungeziefer untersuchen und von den Stielen befreien. Den Zucker mit etwa 200 ml Wasser aufkochen und schmelzen lassen. Anschließend vollständig abkühlen lassen.

Alle Zutaten in das Ansatzgefäß geben, gut verschließen und an einem warmen Ort 3–4 Wochen reifen lassen.

Die Flüssigkeit abseihen, in eine große oder zwei kleine Flaschen füllen und im Kühlschrank aufbewahren. Zum Servieren mit frischen Margeritenblüten garnieren.

Zutaten

200 g frische Margeritenblüten
200 g Zucker
1 Flasche Obstbrand (700 ml)

Wolfsblut (Hagebuttenlikör)

Schon als Kinder lehrte er uns das Fürchten, der „böse" Wolf. Das Christentum geht sogar so weit, den Wolf mit dem Teufel gleichzusetzen. Jesus warnt vor falschen Propheten in Schafskleidern, bei welchen es sich in Wahrheit um reißende Wölfe handle (der Wolf im Schafspelz). Und viele Sagen aus Osteuropa, Russland und Skandinavien erzählen über die Erschaffung des Wolfs durch den Teufel.

Zubereitung

Die Hagebutten waschen, putzen, verlesen und halbieren. Die Vanilleschote der Länge nach halbieren. Den Kandiszucker zerstoßen.

Alle Zutaten in das Ansatzgefäß geben und fest verschlossen 2 Wochen bei Raumtemperatur reifen lassen. Die Flüssigkeit abseihen und in Flaschen abfüllen. Den Likör vor dem Verzehr weitere 6 Wochen in den Flaschen nachreifen lassen und erst dann genießen.

Zutaten

1 kg frische Hagebutten
1 Vanilleschote
400 g Kandiszucker
Schalenabrieb
von 1 Orange
1 Zimtstange
1 L Doppelkorn

Für Gesundheitskobolde

Liköre – gut für die Gesundheit

Liköre sind nicht allein für den Genuss da, sie können auch helfen kleine „Wehwehchen“ zu lindern. Liköre wurden ja ursprünglich nur zu Heilzwecken „eingesetzt“, warum also diese alten Weisheiten nicht auch in unserer Zeit anwenden?

Wenn bei dem jeweiligen Rezept keine Einnahmeempfehlung steht, trinken Sie nach dem Essen der verdauungsfördernden Rezepte 1 Schnapsgläschen - bei anderen Rezepten jeweils 2–3 Gläschen pro Tag.

Die folgenden Rezepte sind nicht ausschließlich Liköre, sondern auch Schnäpse, Weine und Tinkturen.

Hexen-Heilsaft (Ringelblumenschnaps)

Bereits seit Beginn der Menschheitsgeschichte waren Frauen als Heilerinnen tätig und wurden wegen ihrer Fähigkeiten sehr geschätzt. Doch im Mittelalter wurden diese weisen Frauen zu Hexen gemacht. Vonseiten der Kirche wurde das Heilen durch Frauenhände mehr und mehr beschnitten. Pflegedienste im häuslichen Rahmen wurden anfänglich noch von der Kirche toleriert, doch nach dem 13. Jahrhundert untersagte man auch diesen Frauen das Heilen.

Zubereitung

Die Blüten auf evtl. Ungeziefer untersuchen und dann die Blätter abzupfen.

Die Zutaten in das Ansatzgefäß geben und an einem warmen Ort gut verschlossen 2 Wochen reifen lassen. Anschließend abseihen und in Flaschen füllen. Bis zum Verbrauch im Kühlschrank aufbewahren.

Zutaten

80 g Ringelblumen
1 L Doppelkorn

Der Hexen-Heilsaft wirkt verdauungsfördernd.

Drachenfeuer (Rosmarin-Wacholder-Brand)

In zahlreichen Sagen und Legenden leben Drachen in unterschiedlichsten Gebieten. Einige leben in Höhlen und andere sollen im Meer zu finden sein. Drachen erreichen ein beachtliches Alter, sie speien Feuer und versetzen Mensch und Tier in Furcht und Schrecken. Zur Zeit des Mittelalters entstanden besonders viele Geschichten um dieses Fabeltier; und oft zierten sie Wappen und Schilde der „Rittersleut".

Zubereitung

Den Rosmarin waschen und gut trockentupfen.

Alle Zutaten in das Ansatzgefäß geben und gut verschlossen 2 Wochen an einem warmen Ort oder in der Sonne reifen lassen.

Anschließend abseihen und in eine Flasche abfüllen. Gut gekühlt an einem dunklen Ort aufbewahren.

Drachenfeuer kann bei Durchfall und bei Gallenbeschwerden helfen. Zudem regt er die Verdauung an, wirkt entwässernd und hilft gegen Mundgeruch.

Zutaten

30 g frischer Rosmarin
130 g getrocknete Wacholderbeeren
500 ml Weinbrand

Die Tinktur des Hippokamp (Anis-Kümmel-Schnaps)

Der Hippokamp ist ein Fabelwesen, welches aus Pferd (vorne) und Fisch (hinten) besteht. Er hat Schwimmhäute anstelle von Hufen und der ganze Körper eines Hippokamps ist geschuppt. Er ist in der griechischen Mythologie zuhause und steht den Meeresgöttern hilfreich zur Seite. Hippokampe dienen neben Göttern auch Nixen und Meerjungfrauen als Zugtiere und Transportmittel.

Zubereitung

Anis und Kümmel etwas zerstoßen und mit dem Branntwein in das Ansatzgefäß geben.

Das Ganze gut verschlossen an einem warmen, dunklen Ort 6 Wochen reifen lassen.

Anschließend abseihen und den Likör in eine Flasche abfüllen. Den Likör gut verschlossen weitere 3 Monate an einem dunklen, kühlen Ort nachreifen lassen.

Die Tinktur des Hippokamp wirkt verdauungsfördernd, krampflösend, entwässernd und hilft gegen Blähungen.

Zutaten

100 g Anissamen
20 g Kümmel
500 ml Obstbranntwein

Mantikors Saft (Ingwerlikör)

Der Mantikor ist ein Fabelwesen und entstammt aus der persischen Mythologie. Sein Name im Persischen bedeutet Menschenfresser. Sein Körperbau ist der eines Löwen mit dem Kopf und dem Gesicht eines Mannes. Der Schwanz kann wie der eines Drachens bzw. eines Skorpions aussehen und ist mit vielen giftigen kleinen Stacheln versehen. In seinem Maul hat er ein Gebiss, das mit mehreren, äußerst scharfen Zahnreihen bestückt ist. Er verfügt über eine liebliche Stimme, mit der er seine Opfer anlockt. Das Mischwesen ist das Symbol der Tyrannei, der Unterdrückung und des Neids.

Zubereitung

Den Ingwer schälen und in sehr feine Scheiben schneiden.

Ingwer mit Zitronenschalenabrieb, Kandiszucker und 200 ml Wasser in einen Topf geben und etwa 7–10 Minuten köcheln lassen. Von der Herdplatte ziehen und erkalten lassen.

Die Zitronenschale aus dem Sud nehmen. Den Wodka unter den Sud rühren, direkt in eine Flasche füllen und vor dem Verzehr gut verschlossen 6 Wochen reifen lassen. Der Likör wird mit den Ingwerscheiben eingeschenkt.

Mantikors Saft hilft bei Magenbeschwerden, Verdauungsproblemen und bei Kreislaufstörungen.

Zutaten

1 frische Ingwerknolle (1 mittelgroßes Stück)
Schalenabrieb von 1 Zitrone
3 EL weißer Kandiszucker
500 ml Wodka

Phönix' Zaubertrank (Zimt-Likör)

Der Phönix ist ein Fabelwesen, welches ursprünglich aus der altägyptischen Mythologie stammt. Im alten Griechenland verbreitete sich die Vorstellung, dass der Phönix aus der Asche des Osiris (ägyptischer Gott des Jenseits und der Wiedergeburt) hervorgegangen sei und ein hohes Alter von vielen Jahrhunderten erreiche. Nach jedem Lebenszyklus verbrennt der Phönix und steigt bei Sonnenaufgang neu geboren aus seiner Asche auf, "wie Phönix aus der Asche". Es gibt jeweils immer nur einen Phönix auf der Welt. Eine Phönixfeder soll den Finder unsterblich machen.

Zubereitung

Den Kandiszucker mit den Zimtstangen und dem Sternanis in etwa 400 ml Wasser in einen Topf aufkochen lassen. Das Ganze ohne Deckel bei mittlerer Hitze etwa 15–20 Minuten köcheln lassen, bei Bedarf den Schaum abschöpfen. Anschließend abkühlen lassen.

Den Sirup mit dem Doppelkorn vermischen und in ein Ansatzgefäß geben. Gut verschlossen 4 Wochen kühl und dunkel reifen lassen. Dann abseihen, in eine Flasche abfüllen und gut verschlossen an einem dunklen, kühlen Ort aufbewahren.

Phönix' Zaubertrank ist gut gegen Verdauungsbeschwerden und hilft bei Erschöpfung.

Zutaten

150 g brauner Kandiszucker
4 Zimtstangen
1 Sternanis
400 ml Doppelkorn

Kerberos' Saft (Löwenzahnlikör)

Der Kerberos entstammt der griechischen Mythologie. Der Höllenhund ist Bewacher der Unterwelt (er sichert den Eingang des Hades), damit kein Toter heraus- und auch kein Lebender hineinkommt. Es handelt sich um einen riesigen schwarzen Hund mit meist drei übergroßen abschreckenden Köpfen, die aus seinem massigen Körper hervorragen. Jeder der Köpfe verfügt über rotglühende, leuchtende Augen und auf den Häuptern schlängeln sich schauerliche Schlangen. Sein Körper ist mit einem schwarzen langhaarigen Fell bedeckt. Der schwarze Speichel ist höchst giftig und trieft dickflüssig fortwährend aus seinen mit Reißzähnen bewaffneten Mäulern.

Zubereitung

Den Kandis mit 125 ml Wasser in einem Topf geben und so lange erhitzen, bis der Zucker geschmolzen ist. Abkühlen lassen.

Alle Zutaten in das Ansatzgefäß geben und gut verschlossen an einem hellen Ort 4 Wochen reifen lassen. Den Likör abseihen und in eine Flasche füllen. Kühl und dunkel aufbewahren.

Kerberos' Saft wirkt verdauungsfördernd und beruhigend.

Zutaten

150 g weißer Kandiszucker
70 g Löwenzahnblütenblätter ohne Hüllblätter
Schalenabrieb und Saft von 1 Zitrone
1 Flasche Korn (750 ml)

Das Tröpfchen der Erdhenne (Bärlauchwein)

Die Erdhenne ist ein guter Hausgeist und stammt aus dem Alpenraum, der Oberpfalz und Bayern. In alten Zeiten machte sich der Schutzgeist immer bemerkbar, wenn Unheil drohte. Mit einem Piepsen oder Gurgeln, das aus dem Boden zu kommen schien, erregte das Wesen Aufmerksamkeit, wodurch die Menschen rechtzeitig gewarnt wurden und das nahende Unheil abwenden konnten.

Zubereitung

Die Blätter und Wurzeln säubern und in Streifen bzw. Stücke schneiden.

Alle Zutaten in das Ansatzgefäß geben und gut verschlossen an einem warmen Ort 3 Tage reifen lassen. Den Wein abseihen und in eine Flasche füllen. Gut verschlossen an einem dunklen, kühlen Ort aufbewahren.

Bärlauchwein hilft bei Verdauungsbeschwerden, Blähungen, Nieren- und Blasenschwäche. Bei Bedarf 1 Schnapsgläschen zwischen den Mahlzeiten einnehmen.

Zutaten

1 Handvoll frische Bärlauchblätter
Einige Bärlauchwurzeln
1 L Weißwein

Vampirblut (Beifußschnaps)

Vampire sind im Volksglauben und in der Mythologie blutsaugende Untote. Die auch Wiedergänger genannten Wesen sterben als normale Menschen, um kurz danach als Untote wiederaufzuerstehen. Vampire ernähren sich überwiegend von Menschenblut und lauern nachts ihren Opfern auf. Sie schlafen tagsüber, meist in einem Sarg, da Sonnenlicht sie tötet. Die gefährlichen Blutsauger verfügen über unvorstellbare Fähigkeiten, sie können fliegen und sich in Fledermäuse, Hunde oder andere Gestalten verwandeln. Wer von einem Vampir gebissen wird, verwandelt sich ebenfalls in einen solchen.

Zubereitung

Beide Zutaten in das Ansatzgefäß geben und das Ganze gut verschlossen an einem warmen Ort 2 Tage reifen lassen.

Anschließend abseihen und in eine Flasche abfüllen. Den Schnaps an einem kühlen Ort aufbewahren.

Vampirblut wirkt verdauungsfördernd, nervenstärkend und hilft gegen Blähungen. Bei Beschwerden 3-mal täglich 1 Esslöffel vor den Mahlzeiten einnehmen.

Zutaten

1 Handvoll getrocknetes Beifußkraut
1 L Wodka

Draculas Trank (Brennnesselschnaps)

Als bekanntester aller Vampire gilt Graf Dracula (Bram Stoker verfasste den Schauerroman im Jahr 1897), dessen Geschichte in Transsilvanien beginnt. Mit diesem Werk war eine Legende geboren, denn die Geschichte des berühmtesten aller Vampire wurde immer wieder neu verfilmt und interpretiert.

Zubereitung

Beide Zutaten in das Ansatzgefäß geben und gut verschlossen an einem warmen Ort 2 Tage reifen lassen.

Den Schnaps abseihen und in eine Flasche füllen. Gut verschlossen an einem kühlen Ort aufbewahren.

Dieser Schnaps wirkt harntreibend. Bei Bedarf jeweils 2 Esslöffel 2- bis 3-mal täglich einnehmen.

Zutaten

1 Handvoll getrocknete Brennnesselblätter mit Stängeln
1 L Doppelkorn

Zombie (Eukalyptusschnaps)

Ein Zombie ist ein sogenannter Untoter, also ein Mensch, der von den Toten wiederauferstanden ist. Er geistert als willenloses, seiner Seele beraubtes Wesen umher, dessen Körper, je nach Länge des Todes, mehr oder weniger starke Verwesungszeichen zeigt. Die ursprünglich aus der karibischen Voodoo-Religion stammenden Wiedergänger werden von einem Meister durch Magie erschaffen.

Zubereitung

Die Blätter etwas zerkleinern und mit dem Wodka in ein Ansatzgefäß geben. Gut verschlossen an einem warmen Ort 2 Tage reifen lassen.

Anschließend abseihen und in eine Flasche abfüllen. Gut verschlossen an einem kühlen Ort aufbewahren.

Bei Erkältungskrankheiten und bei Magen-Darm-Beschwerden 3-mal täglich 1–2 Esslöffel einnehmen.

Zutaten

1 Handvoll getrocknete Eukalyptusblätter
1 L Wodka

Meerjungfrauenpunsch (Fenchelwein)

Die Meerjungfrau ist ein Fabelwesen, das in zahlreichen Mythologien vorkommt. In einigen Kulturen ist sie zerstörerisch, in anderen ist sie eine liebreizende Figur. Halb Fisch, von der Hüfte abwärts, und halb Frau, von der Hüfte aufwärts, kann sie mit ihrem verführerischen Gesang Menschen in den Tod treiben. Die bekannteste Meerjungfrau ist sicherlich „Die kleine Meerjungfrau" des dänischen Märchenerzählers Hans Christian Andersen.

Zubereitung

Die Samen etwas andrücken und mit dem Wein in ein Ansatzgefäß geben. Gut verschlossen an einem warmen Ort 5 Tage reifen lassen.

Anschließend abseihen und in eine Flasche abfüllen. Gut verschlossen an einem kühlen Ort aufbewahren.

Zutaten

1 Handvoll Fenchelsamen
1 L Weißwein

Tipp

Sie können den Fenchelwein auch noch mit Thymian, Pfefferminze oder Anis aromatisieren. Meerjungfrauenpunsch hilft bei Erkältungen und Magen-Darm-Beschwerden. Zudem wirkt er appetitanregend und lindert Blähungen. Bei Beschwerden 3-mal täglich ein Schnapsgläschen trinken.

Yetis Geheimnis (Ginkgoschnaps)

Der Yeti ist ein riesiges, behaartes Fabelwesen aus dem Himalaya. Das Bergbauern-Volk der "Lepcha" kennt zahlreiche Sagen über den Yeti (hier auch Berggeist oder Schneegeist genannt) und es verehrt ihn als Gott der Jagd und Herrn allen Rotwilds. Ein Yeti oder Schneemensch ist von hoher, kräftiger Gestalt. Er kann bis drei Meter hoch sein und mindestens 200 Kilogramm wiegen. Das Gesicht ähnelt dem eines Menschenaffen. Sein Fußabdruck misst eine Länge zwischen 40 und 45 cm.

Zubereitung

Beide Zutaten in ein Ansatzgefäß geben. Gut verschlossen an einem warmen, dunklen Ort 2 Tage reifen lassen.

Anschließend abseihen und in eine Flasche abfüllen. Gut verschlossen an einem kühlen Ort aufbewahren.

Yetis Geheimnis kann bei Kopfschmerzen und bei Schwindelgefühl helfen. Bei Beschwerden 20–30 Tropfen mit etwas Wasser einnehmen.

Zutaten

1 Handvoll getrocknete Ginkgoblätter
1 L Doppelkorn

Poltergeist (Gewürzlikör)

Als Poltergeist wird in der Parawissenschaft ein weltweit verbreitetes Phänomen bezeichnet. Poltergeistern wird nachgesagt, dass sie sich in bewohnten Häusern einnisten und sich dort durch übernatürliche Geschehnisse bemerkbar machen. Das kann durch Klopfgeräusche und/oder umherfliegende Möbel oder andere Objekte geschehen, um die Bewohner gezielt zu schikanieren. Der Poltergeist selbst ist gestaltlos und manifestiert sich auch nicht, das sagen zumindest Betroffene. Oft werden Poltergeister, vor allem in der westlichen Folklore, als die Seelen Verstorbener, die eines gewaltsamen Todes starben, angesehen. Sie können aber auch das Werk von Elfen und Kobolden sein.

Zubereitung

Alle Zutaten in das Ansatzgefäß geben.

Gut verschlossen an einem warmen, dunklen Ort 8 Wochen reifen lassen.

Anschließend abseihen und in eine Flasche abfüllen. Gut verschlossen an einem kühlen Ort aufbewahren. Dieser Gewürzlikör hilft bei der Verdauung.

Zutaten

1 Zimtstange
1 TL Korianderkörner
5 Gewürznelken
10 Wacholderbeeren
½ TL getrocknete Chiliflocken
Schalenabrieb von 1 Zitrone
100 g Rohrzucker
1 Flasche Wodka

Golem-Trunk (Lakritzlikör)

Der Golem ist eine Figur der jüdischen Literatur und Mystik. Als Wesen, das meist nur aus Lehm und Erde geschaffen wurde, verfügt er weder über eine eigene Seele, noch kann er sprechen. Nach Überlieferungen aus der jüdischen Mythologie war es besonders gebildeten und anerkannten Rabbinern möglich, einen Golem zu erschaffen. Der Golem sollte dem Gelehrten dienen und die alltäglichen Arbeiten im Haushalt erledigen.

Zubereitung

Die Lakritze in kleine Stücke schneiden und mit dem Wodka in das Ansatzgefäß geben. Den Ansatz gut verschlossen an einem warmen, hellen Ort 2 Tage ruhen lassen, ab und zu die Flasche schütteln.

Die übrigen Zutaten mit 250 ml Wasser zum Ansatz geben, verschließen und gut schütteln. Das Ganze dunkel und warm 2–3 Wochen reifen lassen.

Den fertigen Likör abseihen und in eine Flasche füllen. Gut verschlossen und kühl und dunkel noch etwas ruhen lassen.

Den Lakritzlikör bei Erkältungskrankheiten 2- bis 3-mal täglich, jeweils 1 Schnapsglas, trinken.

Zutaten

75 g reine Lakritze
500 ml Wodka
Schalenabrieb von 1 Orange
2 TL Anissamen
175 g brauner Rohrzucker

Bildnachweis

S. 6 © Romolo Tavani, S. 8 © Romolo Tavani, S. 12-13 © samiramay, S. 18-19 © santiago silver, S. 24-25 © goldbany, S. 28 © muzhchil, S. 30-31 © Printemps, S. 32 © zia_shusha, S. 36 © 5ph, S. 40-41 © White Horse Studio, S. 46-47 © George Dolgikh, S. 52-53 © emmi, S. 58-59 © Hetizia, S. 62 © Kathleen Rekowski, S. 64 © 5ph, S. 66-67 © steinerpicture, S. 72-73 © Gorilla, S. 78 © zia_shusha, S. 80 © thomasklee, S. 86-87 © goldbany, S. 94-95 © kab-vision, S. 100-101 © fotoknips, S. 104 © chamillew, S. 110-111 © Printemps, S. 116-117 © Heike Rau, S. 122-123 © Sonja Birkelbach, S. 126 © Antonio Gravante

Ebenfalls im Regionalia Verlag erschienen:

ISBN 978-3-939722-70-0

ISBN 978-3-95540-239-6

ISBN 978-3-939722-80-9

ISBN 978-3-939722-45-8

Jeweils 128 Seiten • 16,5 × 19,8 cm • Hardcover • 6,95 €